新时代乡村治理体系和治理能力现代化研究

李荣梅 著

辽宁人民出版社

© 李荣梅 2024

图书在版编目（CIP）数据

新时代乡村治理体系和治理能力现代化研究 / 李荣梅著. -- 沈阳：辽宁人民出版社，2024.12. -- ISBN 978-7-205-11281-3

Ⅰ. D638

中国国家版本馆CIP数据核字第2024GL1558号

出版发行：辽宁人民出版社

地址：沈阳市和平区十一纬路 25 号　邮编：110003

电话：024-23284191（发行部）　024-23284304（办公室）

http://www.lnpph.com.cn

印　　刷：天津光之彩印刷有限公司

幅面尺寸：170mm×240mm

印　　张：8.25

字　　数：150 千字

出版时间：2024 年 12 月第 1 版

印刷时间：2024 年 12 月第 1 次印刷

责任编辑：刘芮先

装帧设计：紫橙文化

责任校对：吴艳杰

书　　号：ISBN 978-7-205-11281-3

定　　价：58.00 元

前　言

乡村治理由乡村居住环境、社会状况、经济发展、公共服务四个方面构成。乡村治理现代化是建设社会主义现代化国家的重要内容与组成部分，要从科学性、规范性、技术性、专业性、公共性、服务性等方面，认识乡村治理现代化思路；从强化制度设置与制度安排、搭建治理机制与领导机制等方面，适时推进乡村治理现代化硬件建设，做好乡村治理现代化服务保障建设。

作为乡村治理现代化的重要组成部分，乡村治理能力现代化面临着主体协同能力不强、公共服务水平不高、高素质人才不足等问题。推进乡村治理能力现代化，需要坚持党的全面领导，提升多元主体协同自治能力，加强法治建设，优化基础公共服务，打造高素质、专业化的乡村治理队伍。

本书主要研究新时代乡村治理体系和治理能力现代化，书中首先概述了乡村治理的基本理论问题，包括乡村治理的科学理论基础、理论体系、新理念及驱动机制，接下来重点阐释了乡村治理体系的健全、乡村治理体系现代化的制度建构以及完善机制，最后从多个维度探讨了乡村治理能力现代化。本书对于推进我国乡村治理现代化具有非常重要的意义。

本书在写作过程中借鉴、吸收了不少学者的理论和著作，在此表示感谢。由于时间限制加之精力有限，虽力求完美，但书中难免存在疏漏与不足之处，希望各位专家、学者和广大读者批评指正，以使本书更加完善。

目　录

第一章 乡村治理概述

第一节 乡村治理的科学理论基础

一、人地关系地域系统理论

人地关系地域系统指的是基于特定地域内人与自然环境之间的相互作用和联系构成的动态结构。这种系统不仅包括人类对自然资源的利用和影响，还涵盖了自然环境对人类活动的制约和影响。在这个系统中，地理位置、气候条件、水文特征、生物资源等自然因素与人口分布、经济活动、社会组织、文化传统等社会因素相互交织，共同影响着地域系统的发展和变化。在这个系统中，人类活动是一个重要的驱动力，通过农业生产、工业建设、城市发展等方式极大地改变了地球表层的面貌。同时，自然环境也以其自然资源禀赋、自然灾害等形式，对人类社会的发展产生重要影响。因此，人地关系地域系统是一个复杂、动态的系统，需要从多学科的视角进行综合分析和研究，以实现人与自然的和谐共处。

人地关系地域系统的研究内容涵盖了广泛的领域，体现了地理学在分析和解决实际问题中的综合性和应用性。概括来说，这些研究内容主要聚焦于以下几个关键领域。

理论研究：涉及人地关系地域系统的形成过程、结构特征以及未来的发展趋势。这是基础性研究，旨在建立一套完整的理论体系来解释人地相互作用的机制和规律。

子系统相互作用：分析人地系统中不同子系统（如自然环境子系统、社会经济子系统等）之间的作用强度，进行潜力估算、后效评价和风险分析。这有助于理解不同因素如何共同影响地域系统的稳定性和可持续性。

相互作用机制：是指各种要素之间相互作用、影响和反馈的规律性过程。在乡村治理现代化中，相互作用机制体现在各方面的互动与影响。

人口承载力：特别关注地域人口承载力的分析，重点在于预测粮食及其他关键资源的增产潜力，这对于指导区域可持续发展政策的制定至关重要。

动态仿真模型：构建一定地域人地系统的动态仿真模型，预测特定地域系统的发展趋势，这对于科学规划和管理具有重要意义。

地域分异与类型分析：研究人地系统在不同地域的分异规律和地域类型，这有助于识别地理环境对人类活动的影响及其变化趋势。

优化调控模型：是指通过合理设计和调整各种因素和参数，以达到系统运行最佳状态的模型。在乡村治理现代化中，优化调控模型可以帮助实现乡村治理体系的科学管理和有效运行，促进乡村社会经济发展和民生改善。

通过这些研究，可以更深入地理解人地相互作用的复杂性，为实现人与自然和谐共生的目标提供科学依据和有效途径。

二、劳动地域分工理论

劳动地域分工指的是根据地理空间将人类的经济活动进行分工的一种方式，其基本目标是通过各地区之间的优势互补来实现最大化的整体和局部效益。这种分工方式能够促进资源的高效配置和利用，加强区域间的经济联系，推动经济全球化和区域一体化发展。

劳动地域分工理论主要探讨在不同地理空间中，因地区间资源禀赋、经济条件、产业结构、技术水平等因素的差异，而形成的特定经济活动的分布和专业化生产的模式。这一理论的核心在于通过识别和利用地区间的差异和比较优势，来促进资源的有效配置、提高生产效率和优化经济结构。以下是一些与劳动地域分工理论相关的重要概念和理论框架。

比较优势理论：最早由大卫·李嘉图提出，主张即使一个国家在所有生产领域都比另一个国家效率低，但只要它们在生产效率的相对差异上存在差异，就有可能通过专业化生产和国际贸易实现共赢。这一理论也适用于地域分工，即不同地区应专注于其相对擅长的产业。

新经济地理学：由保罗·克鲁格曼等人创立，强调经济活动的地理集聚和区域间的经济联系。它解释了由于规模经济、运输成本和需求差异等因素，经济活动倾向于在特定地区集中的原因，进而形成专业化的地域分工。

区域发展理论：研究不同地区发展的不平衡性，探讨如何通过区域政策和规划来促进地区间的均衡发展。这包括增长极理论、中心—边缘理论等，这些理论都涉及如何通过地域分工和区域协作来实现更广泛地区的共同发展。

产业集群理论：强调在特定地理区域内，相互联系的企业、供应商和相关机构形成的产业集群，能够促进知识共享、创新和效率提升。这种地理集聚和网络协作是现代劳动地域分工的重要特征。

劳动地域分工理论在实践中的应用，有助于提升区域经济的竞争力，促进就业和社会福利的提高。同时，合理的地域分工还需要考虑环境保护、社会公平和文化多样性等因素，以实现可持续发展。

三、可持续发展理论

可持续发展理论强调的是在满足当前时代的人的需求的同时，也要保护和维护自然资源，以确保未来时代的人也能够满足其需求。这种发展模式旨在实现经济、社会和环境的协调与平衡，以实现长期的可持续性。这一理论的核心在于平衡经济增长、环境保护和社会公平三个维度，以实现长期的全球发展目标。以下是可持续发展理论的几个关键方面。

三维框架：可持续发展通常被视为立足于三个支柱，即环境、经济和社会。环境可持续性涉及保护自然资源和生态系统，确保它们能够长期维持和再生。经济可持续性关注经济活动的效率和公平性，以确保资源的合理使用和财富的公正分配。社会可持续性则强调满足人的基本权利，促进社会公正与包容性。

跨代公正：可持续发展强调当前时代的人应在使用自然资源和发展经济时考虑到未来时代的人的需求和权利，即所谓的"跨代公正"。这意味着在开发和利用资源时，需要采取预防性和谨慎性原则，避免不可逆的环境破坏和资源枯竭。

系统思维：可持续发展理论强调系统思维，认为人类社会、经济系统和环境是相互联系和相互依赖的复杂系统。因此，解决可持续发展的问题需要整体性的思考和跨学科的方法。

弹性与适应能力：可持续发展还包括提高社会和生态系统的弹性，即面对环境变化和社会经济挑战时的适应能力和恢复能力。这要求在规划和决策中采用灵活的方法，以应对不确定性和变化。

参与性决策：有效的可持续发展战略需要广泛的利益相关者参与，包括政府、企业、民间组织和公众。参与性决策有助于确保不同群体的需求和观点得到充分考虑，促进公平和透明。

可持续发展理论在全球范围内得到了广泛的认同和应用，特别是通过联合国的可持续发展目标（SDGs）得到体现，这些目标为全球可持续发展提供了具体的行动框架和指标。

四、乡村复合生态系统理论

乡村复合生态系统理论是一种综合性理论，它关注乡村地区自然生态系统与人类社会经济系统之间的相互作用和依存关系。这一理论的核心在于认识到乡村地区不仅是自然生态系统的组成部分，同时也是人类社会活动密集发生的场所。因此，乡村地区的可持续发展需要同时考虑生态保护和社会经济发展的需求。以下是乡村复合生态系统理论的几个关键方面。

系统整合性：乡村复合生态系统理论强调乡村地区作为一个整体，其中包含了自然生态系统（如土地、水、植被、动物等）和人类社会经济系统（如农业生产、居民生活、社会组织等）。这两个系统相互依存、相互影响，共同构成了乡村复合生态系统。

功能多样性：乡村复合生态系统拥有多重功能，包括生产功能（如农业生产）、生态功能（如生物多样性保护、水土保持）和社会文化功能（如传承文化、休闲娱乐）。理论上，这些功能之间应该相辅相成，共同促进乡村地区的可持续发展。

动态平衡：乡村复合生态系统处于不断变化之中，受到自然条件变化和人类活动的双重影响。理论强调在这一动态过程中，需要寻找人与自然之间的平衡点，确保生态系统的健康和社会经济的稳定发展。

参与式管理：乡村复合生态系统的管理应该采取参与式的方法，涉及各方利益相关者，包括当地居民、政府、企业和非政府组织等。通过多方参与和合作，形成共同管理乡村生态系统的机制。

可持续发展：乡村复合生态系统理论的最终目标是实现乡村地区的可持续发展，即在保证生态系统健康和资源可持续利用的同时，促进乡村经济发展、改善居民生活质量、保护和传承乡村文化。

乡村复合生态系统理论为乡村地区的生态保护、社会经济发展和文化传承提供了一个综合性的分析框架，强调通过系统的整合管理和动态平衡，实现乡村地区的长期可持续发展。

五、农业生产和农村生活的多功能性理论

农业生产和农村生活的多功能性理论强调农业不仅仅在提供食物和原材料生产方面发挥作用，还具有环境保护、社会文化和经济稳定等多重功能。这一理论的提出，旨在拓宽我们对农业和农村生活认识的视野，不仅关注其直接的经济贡献，也重视其对于社会、环境和文化的综合价值。以下是这一理论的几个关键方面。

生态功能：农业生态系统提供了包括生物多样性保护、碳固定、水土保持、污染净化等在内的重要生态服务。通过合理的农业生产方式，可以维护和增强这些生态功能。

经济功能：农业生产是食物和原材料的重要来源，是农村地区经济活动的基础。农业的经济功能还包括提供就业机会、促进农村地区的经济循环和稳定。

社会文化功能：农业和农村生活承载和传递了丰富的社会文化价值，包括传统农耕文化、民俗风情、节庆活动等。这些文化特征对于维护社会身份和增强集体凝聚力具有重要作用。

休闲娱乐功能：随着城市化进程加快，农村地区因其优美的自然风光和质朴传统的生活方式成为城市居民休闲娱乐的重要去处，农业和农村生活在提供休闲体验、促进健康生活方面发挥着越来越重要的作用。

教育和科研功能：农业和农村生活为教育和科学研究提供了丰富的资源和场

所，如对农业实践教育、环境保护和生物多样性保护的研究等。

农业生产和农村生活的多功能性理论要求我们在政策制定、农业经营和农村发展规划中，应综合考虑农业和农村生活的这些多重功能，促进农业和农村地区的可持续发展。这意味着需要在保证农业生产效率的同时，也要关注生态保护、社会文化维护和生活质量的提高。

六、基于"压力—状态—响应"模型的乡村可持续发展评价理论

基于"压力—状态—响应"（PSR）模型的乡村可持续发展评价理论，是一种用来评估乡村地区可持续性的框架。该模型起源于环境统计学，后被广泛应用于环境和可持续发展领域的评估中。PSR模型将乡村可持续发展的评价过程分为三个主要部分：压力（Pressure）、状态（State）和响应（Response），具体解释如下。

压力（Pressure）：指对乡村地区可持续发展产生影响的外部压力，这些压力可能是人口增长、资源过度开发、环境污染、经济结构变化等。压力因素通常是问题的起因，需要通过监测这些压力的变化来识别可能对乡村可持续发展产生的威胁。

状态（State）：指乡村地区在特定时间点的环境、经济和社会状况，是压力因素作用下的直接结果。状态指标包括生态系统的健康度、经济发展水平、居民生活质量、社会福祉等，通过评估这些状态指标可以直观地反映乡村地区可持续发展的现状。

响应（Response）：指为应对压力和改善当前状态而采取的政策、措施和行动。响应措施包括制定环保政策、推广可持续的农业实践、改进社会福利体系、提升教育和医疗服务等。响应的有效性直接关系到乡村可持续发展的未来趋势。

基于PSR模型的乡村可持续发展评价，旨在通过系统性地分析压力因素、状态指标和响应措施之间的关系，为政策制定者提供科学依据，从而制定更加有效的策略和措施来促进乡村地区的可持续发展。这种评价模型的优势在于它提供了一个清晰的结构来识别和分析影响可持续发展的复杂因素，并且可以灵活地适应不同的乡村地区和发展阶段，使评价过程更加有针对性和实用性。

第二节　乡村治理的理论体系

一、乡村治理的主体

当前我国乡村治理面临的挑战确实复杂且多面，这些挑战在一定程度上制约了乡村治理体系的有效运行和乡村可持续发展的实现。构建和运行现代化的乡村

治理主体结构是一项长期而艰巨的任务，需要基层党组织、政府、社会组织、乡村居民以及其他社会力量的共同努力，以实现乡村治理的有效性和乡村社会的可持续发展。下面就对其主体结构进行介绍和分析。

（一）组织协调主体：乡村基层党组织

乡村基层党组织作为乡村基层各组织的领导力量，在我国乡村治理和发展中扮演着极其重要的角色。在我国的政治体制中，党组织负责提出方向、制定政策并进行监督，确保各项决策和措施得以有效实施。因此，乡村党组织的作用和地位在乡村治理和发展中不可或缺。因此，加强和优化乡村党组织的建设，不仅对于提升乡村治理水平至关重要，也是推动乡村经济社会全面发展的关键。通过加强基层党组织建设、培养高素质的党员干部、促进党员先锋模范作用的发挥，可以有效提升乡村党组织的领导能力和治理效能，为乡村振兴和可持续发展提供坚强的组织保障。

（二）主导责任主体：乡镇基层政府

乡镇基层政府在乡村治理中扮演着至关重要的角色，作为国家政权体系中的基础一环，其在传递和实施国家政策、促进乡村发展、维护社会稳定等方面的职责十分关键。因此，在乡村治理过程中，需要充分发挥乡镇基层政府的领导和组织作用，通过提高政府职能部门的服务效率和治理能力，强化法治观念，加强与乡村居民和其他社会组织的沟通协作，共同推进乡村治理体系和治理能力现代化，促进乡村全面发展和社会和谐。

（三）自治参与主体：农民群体和乡村自治组织

农民群体和乡村自治组织在乡村治理中同样扮演着至关重要的角色。随着社会的发展和农村改革的深入，农民的社会地位和作用正在发生显著变化，这对乡村治理模式产生了深远的影响。为了进一步促进乡村治理的现代化和有效性，需要不断增强农民的自我发展能力，提升其参与乡村治理的积极性和主动性，同时通过乡村自治组织构建更加开放和包容的治理平台，充分调动和利用农民这一基础性力量的积极性和创造性。

（四）社会协同主体：乡村社会组织

实现乡村治理的"善治"，需要多元主体的协同合作。乡村社会组织的有效参与，为乡村治理带来了新的机遇和挑战。乡村社会组织作为社会协同主体，在乡村治理和发展中具有不可替代的重要作用。通过发挥这些组织的积极作用，可以更好地推进乡村治理现代化，实现乡村社会的和谐稳定和全面发展。

二、乡村治理的原则

乡村治理需要遵循的原则主要有以下四个方面。

（一）法治原则

法治在乡村治理中的作用不可或缺，它是维护社会稳定、保障公民权益、推动治理现代化的基石。随着乡村社会结构的变化和乡村治理需求的多样化，法治化的推进成为乡村发展的关键环节。乡村治理法治化是推进全面依法治国、建设社会主义法治国家的重要组成部分。通过法治手段规范乡村治理，可以有效解决乡村发展中的问题，保障村民的合法权益，推动乡村社会的稳定与和谐，为实现乡村振兴战略奠定坚实的法治基础。

（二）民主原则

在推进乡村治理现代化的过程中，民主化是实现社会治理法治化的重要步骤。乡村治理的民主模式主张在处理乡村公共事务和公共福利时，应广泛尊重并依赖乡村自治组织和村民的自主选择和意愿，确保乡村治理结构的民主性、法治性和自主性。这种模式的实现需要以下几个关键方面的共同努力。

第一，完善乡村自治制度。加强和完善村民自治机制，如村民大会和村民委员会，确保村民在乡村治理中有明确的参与权、表决权和监督权。

第二，增强治理透明度。通过公开乡村治理的相关信息、决策过程和结果，增加乡村治理的透明度，使村民能够充分了解乡村事务，为其参与决策提供信息支持。

第三，民主决策机制。在乡村公共事务和重大决策中，采用民主投票、公开讨论等方式，保障和尊重村民意愿的广泛表达，确保决策的民主性和公平性。

第四，法治保障。强化法律在乡村治理中的权威地位，确保所有治理活动和决策都依法进行，通过法律手段保障村民权益，维护乡村社会稳定。

第五，培育和支持社会组织。鼓励和支持社会组织在乡村治理中的参与，如合作社、慈善机构、文化教育团体等，通过这些组织发动和组织村民参与乡村治理，拓宽民主参与的渠道。

第六，加强村民培训和教育。通过法治教育、治理知识培训等方式，提升村民的法律意识、民主意识和参与能力，使其能够更有效地参与乡村治理。

通过以上措施，可以逐步建立起一个系统、高效、自治的乡村治理结构，使乡村治理不仅仅是上级政府的延伸，更是村民自主参与、共同管理的过程。这样的治理模式有助于实现决策的民主化、科学化和法治化，推动乡村治理体系和治理能力现代化，为乡村的振兴和可持续发展奠定坚实的基础。

（三）权利原则

权利原则是乡村治理取得有效性的重要前提。在乡村治理过程中，坚持遵循权利原则，采取的措施和途径主要有以下三个方面。

第一，提高农民权利观念。提高农民的权利观念是推进乡村治理现代化的重要步骤。随着科学技术的发展和新媒体的普及，农民对于现代民主和法治的理解日益加深，这种觉醒的权利意识对于促进乡村社会治理具有积极的意义。

第二，建立权利体系。建立一个全面的权利体系是保障农民权益和实现乡村治理目标的关键。通过建立和完善权利体系，可以增强农民的主体地位和主人翁意识，激发其参与乡村治理的积极性，从而推动乡村治理的民主化、法治化和现代化，实现乡村社会的公平、公正与和谐发展。

第三，健全权利保护机制。健全的权利保护机制是确保乡村治理有效性和公正性的重要基础。可以构建一个全面、有效的权利保护体系，为农民提供坚实的权益保障，为乡村治理提供稳定的社会基础和良好的法治环境。

（四）服务原则

服务原则在乡村治理中占据核心地位，它要求将服务民众的需求和维护群众的利益放在首位，通过提供高质量的公共服务来提升民众的生活水平和满意度。提升乡村公共服务品质，满足民众多样化的服务需求，是乡村治理创新和现代农业建设的重要目标。建立和完善乡村公共服务体系，不仅能够提升农民的生活质量，还能够加强党群、政群关系，促进社会和谐。通过贯彻服务原则，乡村治理能够更加注重农民的实际需求和利益，通过提供高质量的服务来增强农民的获得感和幸福感，从而推动乡村社会的和谐稳定和持续发展。

三、乡村治理的目标

乡村治理是一个涉及多方利益、多元目标的综合性工作，其最终目的是提升农民的生活水平，实现乡村的全面发展。

（一）实现乡村和谐发展

实现乡村社会的和谐发展是乡村治理的核心政治目标之一，它直接关系到乡村的稳定、农民的福祉以及社会的整体进步。乡村治理的创新与乡村的和谐发展之间存在着紧密的相互关系。面对当前乡村社会的各种挑战和问题，特别是在维护乡村和谐发展方面，需要进行创新和加强。

（二）保障农民权利

保障农民权利是乡村治理的核心价值目标，特别是在新型城镇化和乡村治理转型的进程中，更加需要注重农民的基本权益和利益诉求。确保农民权利的保障不仅有利于提升农民的生活质量和幸福感，也是推动乡村社会稳定和谐、可持续发展的重要基础。

农民权利在乡村社会治理中扮演着重要的法治角色。保障农民的各项权利是乡村治理的核心任务。因此，在推动乡村治理创新的过程中，必须切实保障农民的各项权利，包括知情权、参与权、监督权和表达权等。需要创新农民参与的形式，扩大农民参与的范围，建立健全农民的话语表达机制和民主自治机制。培育农民的主体意识、权利义务意识和公平正义意识是促进农村治理现代化、提升农民治理主体地位的重要举措。

（三）建构乡村"公共性"

建立乡村"公共性"是实现乡村治理现代化的关键目标。这种"公共性"在充分尊重和保护私人利益的基础上形成，旨在适应生产力发展和社会治理的需要。广大农民在实践中构建的公共性能够满足乡村社会经济发展和社会治理的双重需求，同时也是实现经济社会全面协调可持续发展的基础条件。农民自发地参与乡村公共性建设，通过改善村容、帮助弱势群体、开展道德讲坛以及在日常生活中进行传统教育等方式，在乡村治理上发挥了重要作用。这种参与不仅开辟了乡村社会发展和社会管理的新方向，也为乡村治理提供了新的思路和途径。

第三节　乡村治理的新理念

一、以"四个覆盖"开辟乡村治理新局面

乡村治理新理念中的"四个覆盖"模式，即基层党组织全覆盖、农村民主组织全覆盖、农村经济合作组织全覆盖、综合维稳组织全覆盖，构成了一个覆盖乡村和广大农民的管理网络。这个网络的主要特点是全方位、多层次、全面覆盖、党政结合、高效率、民主、完整，各组织之间密切联系、相互支持，充分发挥各方的积极性，共同管理乡村事务。这种紧密的组织关系有助于促进实现民主权利、化解社会矛盾、推动乡村实现共同富裕，为农民探索出一条新的发展路径。

（一）"四个覆盖"的内容

1.基层党组织全覆盖

基层党组织全覆盖，意味着在乡村社会结构中，党的组织体系要全面延伸，覆盖到每一个村民小组、每一个合作社乃至每一个农户家中。这不仅要求党组织的设立要完善，更要求党组织的功能要发挥，党员的作用要凸显。通过建立健全的基层党组织体系，可以强化党对乡村工作的全面领导，确保党的路线方针政策在乡村得到有效贯彻落实。

基层党组织全覆盖还注重提升党组织的凝聚力和战斗力。通过加强党员队伍建设，提高党员素质，增强党员的责任感和使命感，使基层党组织成为乡村治理的坚强战斗堡垒。党组织要密切联系群众，了解群众需求，反映群众意愿，切实维护群众利益，成为农民群众的主心骨和贴心人。

基层党组织全覆盖还强调发挥党组织的引领和带动作用。在乡村产业发展、社会治理、公共服务等方面，党组织要发挥领导核心作用，引导农民群众积极参与乡村建设，推动乡村经济社会全面发展。通过党组织的示范引领，可以激发农民群众的内生动力，形成乡村治理的强大合力。

2.农村民主组织全覆盖

农村民主组织全覆盖，意味着在乡村范围内，各类民主组织如村民自治组织、村民议事会、村民监督委员会等应全面建立并有效运行。这些组织不仅是农

民群众表达意愿、参与决策的重要平台，也是监督乡村治理行为、维护农民合法权益的关键力量。通过建立健全的民主组织体系，可以畅通农民群众参与乡村治理的渠道，保障其知情权、参与权、表达权和监督权，促进乡村治理的民主化、法治化进程。

农村民主组织全覆盖还强调提升民主组织的运行效能和治理能力，这要求民主组织在选举产生、决策执行、监督反馈等各个环节都要遵循民主原则，确保程序公正、结果公开。通过加强民主组织成员的培训和教育，提高其政治素养和治理能力，使其能够更好地履行职责，为农民群众服务。

农村民主组织全覆盖还注重发挥民主组织在乡村治理中的积极作用。民主组织要紧密围绕乡村发展的中心任务，积极参与乡村规划、产业发展、环境整治、矛盾调解等工作，为乡村治理贡献智慧和力量。通过民主组织的共同努力，可以推动乡村治理的科学化、精细化水平不断提升，为乡村振兴战略的深入实施奠定坚实基础。

3.农村经济合作组织全覆盖

农村经济合作组织全覆盖，是乡村治理与经济发展深度融合的重要体现，旨在通过构建覆盖全面、功能完善的经济合作组织体系，激发农村经济发展的内在活力，促进农民增收致富，推动乡村全面振兴。这一战略的实施，意味着农村经济合作组织将在乡村范围内广泛建立，并深入渗透到农业生产的各个环节和农民生活的多个领域。从传统的种植业、养殖业到新兴的农产品加工、乡村旅游等，经济合作组织将发挥桥梁纽带作用，连接农户与市场，提供技术支持、信息服务、市场开拓等全方位服务，助力农业产业转型升级和农民持续增收。

农村经济合作组织全覆盖还强调组织间的协同合作与资源共享。通过建立健全的合作机制，促进各类经济合作组织之间的优势互补、资源共享和互利共赢。这不仅能够提高农业生产效率和经济效益，还能够增强乡村经济的抗风险能力和市场竞争力，为乡村经济的可持续发展奠定坚实基础。

农村经济合作组织全覆盖还注重农民主体地位的发挥。经济合作组织要坚持以农民为中心的发展思想，充分尊重农民意愿和首创精神，鼓励农民积极参与组织管理和决策过程，保障农民在经济发展中的知情权、参与权和受益权。通过激发农民的内生动力和创新活力，推动农村经济合作组织不断发展壮大，为乡村振兴注入强大动力。

4.综合维稳组织全覆盖

综合维稳组织全覆盖，是乡村治理体系中不可或缺的一环，旨在构建一个全方位、多层次、立体化的乡村社会稳定维护网络。这一战略部署，体现了对乡村社会和谐稳定的高度重视，以及对农民群众安全感、幸福感的深切关怀。综合维稳组织全覆盖，要求在乡村范围内建立健全各类维稳组织和机制，包括但不限于社会治安防控体系、矛盾纠纷排查调处机制、应急管理体系等。这些组织和机制要相互衔接、密切配合，形成工作合力，确保对乡村社会稳定风险的及时发现、有效预防和妥善处置。

在具体实施上，综合维稳组织要深入乡村基层，贴近农民群众，及时了解掌握社情民意和治安动态。通过加强巡逻防控、矛盾调解、法制宣传等工作，有效遏制各类违法犯罪活动，维护乡村社会治安秩序。同时，还要建立健全应急预案和处置机制，提高应对突发事件的能力和水平，确保乡村社会在面临自然灾害、公共安全事件等挑战时能够迅速恢复稳定。

综合维稳组织全覆盖还强调发挥群众参与的作用。通过加强宣传教育，提高农民群众的法律意识和自我防范能力，鼓励其积极参与社会治安综合治理和维稳工作。通过构建群防群治、共建共享的社会治理格局，形成维护乡村社会稳定的强大合力。

（二）提出"四个覆盖"理念的重要背景

目前，我国工业化、城镇化和市场化进程持续推进，然而乡村治理却呈现出相对松散的状态，且逐渐显现出深层次的矛盾和问题。乡村治理创新面临着诸多难题，主要原因有以下四个方面：首先，基层党组织建设相对薄弱，其领导作用难以充分发挥。其次，村民自治制度建设不够完善，基层民主存在一定程度的欠缺，解决这一问题具有较高的难度。再次，农民致富的积极导向作用较弱或未能得到有效增强，这进一步增加了与市场对接的难度。最后，乡村内部矛盾的复杂性日益加剧，这在一定程度上影响了社会的稳定局面。

（三）"四个覆盖"的工作模式

"四个覆盖"乡村治理工作模式通过基层党组织、民主组织、经济合作组织和维稳组织的全面覆盖，充分发挥基层组织在引导、管理、服务和监督等方面的作用，旨在化解各类矛盾、提供致富载体、解决发展难题，从而确保乡村的稳定和发展能够顺利实现。

1.基层党组织全覆盖

坚持以人为本，从人民群众的意愿出发，结合市场经济和乡村社会的实际情况，突破传统的行政村模式，创新基层党组织的覆盖方式，系统有效地进行乡村社会管理和治安维护。

（1）健全基层党组织网络

党组织在基层民主和管理中扮演着决定性的角色。依据"群众走到哪里，党的组织就跟到哪里"的原则，我们应坚持将党组织覆盖到基层民主和维稳组织中，并发挥他们的领导作用。要将党员引领到各种经济组织和产业链条中，以及园区建设中。要将党员纳入乡村维稳组织，并建立党组织，构建与基层民主网络相类似的机构。对于村党组织是党总支的情况，可以在规模较大、党员较多、条件成熟的经济组织中建立党支部；对于村党组织是党支部的情况，可以设立党小组。

（2）重点培养乡村"能人"

实行党员发展"关口前移"措施，重点培养大批有能力、有威望、懂经营的乡村"能人"，并将其作为发展党员和村干部的重要对象，并充分调动这些乡村"能人"的积极性和主动性。这样一来，发展党员将拥有可靠的群众基础，从而有效解决裙带化、家族化等问题。

同时，要将无职党员纳入各类组织体系，发挥其先锋模范作用。在乡村基层党建中，如何发挥广大无职党员的作用一直是一个难题。因此，通过构建基层组织网络，将一些无职党员选为党小组负责人，或由群众推选为小区长、小组长、村民代表等职务，让他们成为党组织在各类组织体系中的助手，将会对乡村基层党建起到积极的推动作用。

2.基层民主组织全覆盖

在推动乡村治理现代化进程中，基层民主组织全覆盖至关重要。这意味着要确保基层民主组织的建立和运作覆盖到每个乡村的各个角落，确保每位村民都有机会参与其中。这些基层民主组织包括村民代表大会和村民监督委员会等。通过这些组织，村民能够直接参与决策过程，监督村务管理，表达自己的意见和诉求。基层民主组织全覆盖可以有效促进村民自治，增强乡村治理的民主性和透明度，确保各项政策和项目符合村民利益，推动乡村社会的和谐稳定发展。

3.基层经济合作组织全覆盖

由于政府长期以来对传统经济模式的大力干预，市场调控作用难以充分发挥。同时，农民大规模散户经营、规模小、机械化程度低、市场信息获取不及时等问题也未得到有效解决。因此，按照"民办、民管、民受益"的原则，针对农民的合作需求和农村生产实际情况，采取多种经济合作组织模式十分必要。这些模式包括大户领办、村组农户联合、院校基地合作、龙头企业带动、流通市场链接等，不仅符合市场需求，还能团结农民散户，增强应对市场风险的能力。此外，建立健全经济协会组织、专业化服务组织和农业产业化组织，为农民提供产前、产中、产后系统服务，将分散的农户连接成一个有机整体。这些举措能够降低农业经营成本，提高农业劳动生产率和市场竞争力，促进农业增效和农民增收。

4.基层维稳组织全覆盖

要实现乡村的和谐稳定和长治久安这一重要目标，光靠各级安保机构远远不够，还需要充分发挥政权力量，尽可能调动人民群众的力量。这样一来，不仅能减轻政府的安保压力，同时也能够增强人民的安全意识，进一步强化他们的主人翁意识和责任义务。为了实现乡村的和谐安宁，需要积极动员农民群众主动参与基层治安管理，实现"自我教育、自我管理、自我调节、自我保护"，提升他们的文化素质和自我修养。为了实现基层维稳组织全覆盖，可以探索推行"3+1"基层维稳组织模式。所谓的"3"，指的是在村一级建立综治工作站、综治小区、综治小组三层组织网络；而"1"则是在各村设立一支治安巡防队。

（四）"四个覆盖"的实施成效

"四个覆盖"理念的建立和实施对社会主义新乡村的建设具有重大意义。它不仅加强了党组织与人民的联系，也促进了民主制度的贯彻落实，进一步宣传了党的精神。此外，"四个覆盖"的积极实施也在人民利益和管理秩序方面取得了显著成效。

1.基层党组织全覆盖，让农民找到了"主心骨"

积极为党员搭建新平台，进一步巩固党在乡村的执政地位，将党基层组织拓展到乡村各个领域和行业，延伸党的作用至农民的经济发展和企业建立。在这些组织中，村党支部搭建平台，引导党员发挥积极性和主动性，起到表率示范作用。转变党在乡村的执政方式，让农民自主选择、行动，党只在组织和大政方针上发挥领导作用，从而在一定程度上提升了党的领导水平。

2.基层民主组织全覆盖，让农民真正成为"当家人"

让农民真正成为"当家人"，具体来说，就是要让农民在自己的事务上拥有决策权和自主权。这意味着要严厉打击并抵制为了私利贿赂选民的行为，选举出真正代表民意的代表。为实现这一目标，需要建立科学、系统、民主的乡村民主政治机构，确保民主选举、民主决策、民主监督和民主管理。这包括赋予人民参与权、知情权、决策权和建议权，不仅要在法律政策上保障民主权利，还要在具体实施方法和途径上贯彻民主原则。同时，建立健全社情民意表达渠道，打造公开透明的平台，让人民畅所欲言。发挥人民在社会管理中的主体作用，发展各种组织进行监督，确保农民关心的问题得到妥善解决，提高行政效率，让农民真正成为"当家人"。

3.经济合作组织全覆盖，为农民架起"致富桥"

通过发展农民合作经济组织，实现了土地由分散经营向适度规模经营的新跨越。将农民整合成方连片，摆脱了零散分布的状态，通过集约化生产提升了经济效益，为农业现代化奠定了基础。合作经济组织以特色优势产业为依托，发展了特色养殖、蔬菜等项目，实现了跨村、跨乡、跨县发展，推动了经合组织发展模式从以行政村为主转向以行业为主的新趋势，提高了科技含量，促进了规模化、标准化、品牌化、市场化进程，增强了农产品的市场竞争力。

4.综治维稳组织全覆盖，编织农民"保护网"

实施"3+1"工作机制，实现了横向到边、纵向到底的村级平安网络构建，将预防打击犯罪、排查治安隐患、调解矛盾纠纷等各项工作集中于一体，从而形成了群防群治的工作格局，有效维护了乡村社会的稳定。综治维稳组织的全覆盖减小了乡村社会管理单元的规模，降低了管理和化解农民矛盾的难度。特别是由老百姓自愿选出的有威望的综治区区长和综治组组长，充分发挥了贴近基层、面向群众、熟悉情况的优势，能够熟练处理邻里纠纷、婆媳矛盾等问题。他们依靠丰富的经验，快速有效地处理矛盾纠纷，避免了矛盾的进一步激化，将许多矛盾纠纷消解在萌芽阶段。因此，小事不出区、组，大事不出村、乡的目标得以有效实现。

二、从"四个全面"构建乡村治理新格局

（一）全面建设社会主义现代化国家：乡村治理的阶段性目标

1.乡村治理的根本目的和宗旨

乡村社会治理的根本目的和宗旨是建设社会主义新乡村，加快推进社会主义现代化建设的步伐。在这其中，建设美丽乡村是党中央深入推进社会主义新乡村建设的重大举措，也是在乡村落实"四个全面"战略布局的总抓手。

实现新乡村和乡村社会现代化建设对人才的需求非常大，主要包括懂技术、能生产、善经营的乡村实务人才，以及具备管理能力的乡村社会治理人才。为了进一步巩固党在乡村基层执政的组织基础和群众基础，必须加强乡村基层领导班子建设，强化村级组织的服务功能，推进乡村基层服务型党组织建设，提升乡村社会治理水平，从而加快实现乡村现代化建设的步伐。除此之外，还必须着力培育新型职业农民，使其在乡村发展中发挥重要作用，解决诸如"谁来种地""乡村病""乡村社会治理""城乡发展二元化"等难题。

2.全面建设社会主义现代化国家目标促进乡村治理良性运行

实现全面建设社会主义现代化国家的目标对促进乡村治理良性运行具有重要意义。以下是实现全面建设社会主义现代化国家目标对促进乡村治理良性运行的几个方面。

经济发展：社会主义现代化国家建设要求实现农村经济的全面发展和农民收入的持续增加。通过推动农村产业结构优化升级、加强农村产业发展和农民就业创业支持，可以促进乡村经济的繁荣发展，增强农民的获得感和幸福感，为乡村治理提供良好的经济基础。

基础设施建设：全面建设社会主义现代化国家要求提高农村基础设施水平，包括道路、桥梁、供水、供电、通信等方面的建设。完善基础设施能够改善乡村生活条件，提升居民生活品质，促进乡村治理的良性运行。

社会保障：全面建设社会主义现代化国家要求建立健全的社会保障体系，包括养老、医疗、失业、住房等方面的保障。健全社会保障体系可以提高农民的社会保障水平，增强其安全感和稳定感，有利于乡村社会的和谐稳定。

教育和医疗卫生：全面建设社会主义现代化国家要求提高农村教育和医疗卫

生水平。加强农村教育和医疗卫生体系建设，提供优质的教育和医疗卫生服务，可以提升农民的文化素质和健康水平，有利于提升乡村治理的能力和水平。

生态环境保护：全面建设社会主义现代化国家要求加强生态环境保护和修复工作。保护好乡村的生态环境，提高农村生态文明水平，有利于改善农民生活环境，促进乡村治理的可持续发展。

通过以上方面的努力，可以有效促进乡村治理的良性运行，推动全面建设社会主义现代化国家目标的实现。

（二）全面深化改革：乡村治理的动力保障

全面深化改革，作为新时代中国特色社会主义事业发展的强大动力，为乡村治理提供了深远而坚实的动力保障。在乡村振兴的广阔舞台上，全面深化改革不仅是推动乡村经济社会全面发展的关键举措，更是构建现代乡村治理体系、提升乡村治理能力的重要路径。

1.优化乡村治理体系，为乡村治理注入新的活力

面对乡村社会结构的深刻变化，传统的治理模式和手段已难以完全适应新时代的要求。全面深化改革通过推动乡村治理体系的创新与完善，建立健全党委领导、政府负责、社会协同、公众参与、法治保障的现代乡村社会治理体制，实现了乡村治理主体多元化、治理方式民主化、治理手段法治化的转变。这一转变不仅提升了乡村治理的效率与效能，也增强了乡村社会的凝聚力与向心力。

2.激发乡村发展活力，为乡村治理提供坚实的物质基础

乡村振兴离不开经济的繁荣与发展。全面深化改革通过深化农村土地制度改革、农村集体产权制度改革等关键领域和环节的改革，激发了农村发展的内生动力，释放了农村发展的巨大潜力。这些改革举措不仅促进了农业、农村、农民的全面发展，也为乡村治理提供了坚实的物质支撑和财力保障。

3.加强法治建设，为乡村治理提供有力的法治保障

在全面推进依法治国的背景下，乡村治理的法治化水平直接关系到乡村社会的和谐稳定与长治久安。全面深化改革通过加强乡村法治宣传教育、完善乡村公共法律服务体系、强化乡村执法司法监督等措施，不断提升了乡村治理的法治化水平。这些法治建设成果不仅为乡村治理提供了有力的法律武器和制度保障，也增强了乡村群众的法律意识和法治观念，为构建法治乡村、和谐乡村奠定了坚实基础。

4.加强基层党组织建设、推动乡村文化建设等措施，为乡村治理提供坚强的组织保障和强大的精神动力

基层党组织作为乡村治理的领导核心和战斗堡垒，其建设水平直接关系到乡村治理的成效与未来。全面深化改革通过加强基层党组织的思想建设、组织建设、作风建设等方面的工作，不断提升了基层党组织的凝聚力和战斗力。同

时，通过推动乡村文化建设，弘扬社会主义核心价值观和中华优秀传统文化，增强了乡村社会的文化自信和价值认同，为乡村治理提供了强大的精神支撑和动力源泉。

总之，全面深化改革作为乡村治理的动力保障，为乡村治理的现代化、法治化、民主化提供了有力支持和强大动力。在新时代的征程上，我们将继续坚定不移地推进全面深化改革，不断开创乡村治理新局面，为实现乡村振兴和中华民族伟大复兴的中国梦贡献更大力量。

（三）全面依法治国：乡村治理的制度保障

1.推进乡村治理法治化是全面依法治国的基础环节

在基层社会治理创新过程中，城乡基层一直扮演着普及法律法规的重要角色，是培育村民法治意识和守法习惯的关键平台。应尊重村民的主体地位，引导他们自觉尊法守法、解决问题靠法，激励他们成为遵法守法用法的典范。这种做法能有效增强全民的法治观念，推动全社会树立法治意识，促进法治社会建设，为全面依法治国打下基层基础。

在政府主导型法治建设模式下，要将乡村法治纳入国家治理体系现代化建设和"四个全面"战略布局中，纳入乡村经济社会发展总体规划中。同时，坚持政府主导与社会推动相结合的原则，尊重实践创新，方能实现乡村基层治理的法治化。

2.乡村社会治理要更加注重法治化引领

乡村社会治理需要更加注重法治化引领。这意味着要以法治为基础，规范乡村社会治理行为，保障村民的合法权益，维护社会秩序稳定。在实践中，应加强法律法规的宣传普及，提升村民的法律意识和法治观念。同时，建立健全乡村法治体系，完善法治机制，加强执法监督，确保法律的实施和执行。这样可以有效引导乡村社会治理朝着规范、有序、法治化的方向发展。

除此之外，还应依法完善基层群众自治制度，建立健全乡村基层民主选举、民主决策、民主管理、民主监督制度，积极动员和组织群众依法有序参与乡村社会治理。这样可以使广大群众成为社会主义法治的坚定支持者、自觉遵守者和积极捍卫者，为乡村社会治理的有效推进提供坚实的法治基础。

（四）全面从严治党：乡村治理的组织保障

1.全面从严治党对乡村社会治理创新具有重要的推进作用

党的领导是推动乡村社会治理创新的核心保障。通过加强党的建设，提高党员队伍素质，强化党的组织力量和战斗堡垒作用，可以有效引领和推动乡村社会治理创新。全面从严治党要求加强党内监督，严肃党的纪律，反腐倡廉，净化政治生态，这些举措有助于提升党的执行力和凝聚力，促进基层党组织更好地履行职责，推动乡村社会治理的现代化和法治化进程。

"四个全面"战略布局给乡村基层党建工作带来新的考验。在实施这一战略布局的背景下，加强乡村基层党建工作具有重要现实意义和深远历史意义。这要求适应新情况、新形势，坚持基层党组织的领导地位不动摇，全面提升乡村基层党建水平，确保其在促进乡村改革发展、推动"四个全面"战略布局中的作用。

2.加强乡村基层党组织建设是推进乡村社会治理创新的必要途径

加强乡村基层党组织建设，提升其战斗力，是当前乡村社会建设与治理的迫切需要。以下是几个方面的要求：第一，壮大乡村基层党组织队伍。加强党员队伍建设，提高党员素质，吸引更多优秀人才加入党组织，特别是要注重引进懂技术、会管理、服务群众的人才，以提升党组织的领导水平和执行力。第二，加强乡村基层党员的思想建设。加强对党员的理想信念教育，坚定党员的政治立场，培养党员的为民情怀和奉献精神，确保党员忠诚于党的事业，始终保持共产党员的先进性和纯洁性。第三，狠抓乡村基层党组织作风建设和反腐倡廉建设。强化党内监督，加强对党员干部的廉洁自律教育，严肃查处违反党纪党规的行为，建立健全监督制度和问责机制，确保党员干部不腐败、不僵化、不懈怠，始终保持良好的工作作风和清廉形象。

通过以上措施，乡村基层党组织可以增强自身的凝聚力和战斗力，更好地发挥领导作用，推动乡村社会建设与治理取得更大成效。

第四节 乡村治理的驱动机制

一、乡村治理驱动机制模型的构建

（一）"四位一体"式乡村治理驱动机制的主体模式

"政民资学""四位一体"的乡村治理驱动机制是一种全新的治理理念，旨在整合各方力量，促进乡村治理的协同发展。下面是该机制中各部分的重要功能和子系统。

1.政府（政）

作为公共部门的代表，政府在乡村治理中承担着规划引领、资源调配、政策支持等职责。政府应该制定和实施相应政策措施，引导乡村社会的发展和改善。

导向机制：政府制定相关政策和规划，为乡村治理提供方向和指导。

约束机制：政府通过法律法规和监管机制，约束各方行为，确保治理秩序和公平公正。

2.民间力量（民）

农民和其他民间组织在乡村治理中具有丰富的资源和经验，在参与农村事务的决策和管理上发挥至关重要的作用。

参与机制：鼓励并支持农民和民间组织参与乡村治理，例如通过村民会议、合作社等形式，让民间力量参与决策和管理。

监督机制：民间力量可以对政府和其他机构的行为进行监督，提升乡村治理的透明度和效率。

3.资本与企业（资）

资本和企业可以为乡村发展提供资金、技术和管理经验，推动乡村产业升级和经济增长。

投入机制：资本和企业可以投资乡村产业和基础设施建设，促进乡村经济的发展。

合作机制：政府、企业和农民可以建立合作关系，共同推动乡村产业发展，实现多方共赢。

4.高校、科研院所等学术组织（学）

高校和科研机构可以为乡村治理提供科学理论支持和技术指导，是推动乡村发展的智力支持。

研究机制：学术组织可以开展乡村治理相关的研究工作，提供决策参考和技术支持。

培训机制：学术组织可以开展培训和教育活动，提升乡村干部和农民的治理能力和素质。

这些部分共同构成了一个相互联系、协同作用的机制体系，为乡村治理提供了更加丰富和多元的资源和支持。通过"政民资学""四位一体"的协作，可以更好地解决乡村面临的问题，推动乡村治理的创新和发展。

（二）乡村治理驱动机制的系统模型

乡村治理驱动机制系统模型是一个涉及多方面要素的复杂系统，包括自然、人、经济、社会等多个层面。下面是对该系统模型的一些要素及其相互关系的描述。

环境因素：包括经济、政治、文化、社会、生态等方面。这些因素会对乡村治理产生影响，是驱动机制的外部环境。

主体构成及其驱动力：主要由政府、农民、企业、学术机构等组成，各主体有各自的目标和驱动力，如政府推动乡村治理改革，农民追求生活改善，企业寻求利润增长，学术机构追求知识创新。

内在动力：主体的内在动力来源于其自身的需求和目标，通过公共政策、资金、科技、文化等具体要素的驱动来实现。

具体要素：包括公共政策、资金、科技、文化等，这些要素通过各种方式对主体产生作用，推动乡村治理的进展和发展。

驱动运行机制：环境因素的压力下，主体通过具体要素的驱动来实现内在的动力，形成一个动态的驱动运行机制。

系统输出：系统输出是指乡村治理的效果和成果，包括村庄治理创新、生态环境改善、乡土文化传承、产业发展等方面的成效。

反馈环节：系统的输出结果会反馈到环境因素和主体构成中，影响着下一轮的驱动机制运行，形成一个闭环反馈系统。

通过这些要素之间的相互作用和影响，乡村治理驱动机制系统模型形成了一个相对完整的运行机制。不同要素之间的关系密切影响着整个系统的运行和发展，通过不断优化和调整，可以实现乡村治理的高效推进和可持续发展。

（三）乡村治理驱动机制系统的内在机理

在乡村治理驱动机制系统中，主体间互动与整合机制是确保治理效果和推进乡村发展的重要环节。这种互动与整合机制不仅涉及农村内部各方利益的协调，也对整个国家的科学发展产生影响。下面是关于构建乡村治理驱动主体间互动整合机制的一些重要途径和策略：第一，建立共识和合作目标。通过政府、农民、企业、学术机构等主体之间对美丽乡村理念和发展目标的学习和交流，建立共识和合作愿景。第二，通过采取良性互动方式来解决冲突。主体间的冲突不可避免，但可以通过协商、谈判、合作等良性互动方式来解决。建立有效的冲突解决机制，促进信息共享与合作共赢，有利于促进主体间的合作和互信。第三，信息共享与合作共赢。建立信息共享平台，加强主体间的沟通与交流，促进合作共赢。政府可以提供政策支持和资源保障，农民可以提供土地和劳动力，企业可以提供资金和技术，学术机构可以提供专业知识和技术支持，实现各方优势互补、资源共享。第四，建立合作机制和责任体系。通过建立有效的合作机制和责任体系，明确各方的责任与义务，共同承担风险和责任，确保合作行动的顺利实施。第五，加强互信与协同。通过不断加强主体间的互信和协同，共同应对挑战和风险，实现互利互惠、共同发展的结果。

通过上述策略和方法，我们可以建立一个更加完善的互动与整合机制，以提高不同驱动主体之间的信任和协作，这将有助于推动乡村治理的有效进展和可持续发展。

二、中国乡村治理驱动力及其特点分析

（一）政府主导的驱动力

在当前乡村治理过程中，公共部门扮演着重要的推动和主导角色。实现美丽乡村、促进农村社会和谐与生态环境良好，需要公共部门采取积极有效的措施。公共部门需要充分发挥其主导和推动作用，通过制定政策、加强资源配置、加强部门协调等方式，推动乡村治理和生态环境保护工作的顺利进行，促进农村社会和谐与生态环境良好的实现。

（二）农民主体的驱动力

农民是乡村治理的重要主体和基础，必须充分尊重他们的意愿和主体性。他们对于农村事务有着丰富的经验和深刻的理解，因此，在制定和实施相关政策和计划时，应该充分听取他们的意见和建议。保障农民的参与权利，让他们能够参与到乡村治理的各个环节中来，包括决策制定、项目规划、资源配置等方面。这不仅可以更好地满足农民的实际需求，也有利于增强他们的归属感和认同感，促进乡村治理工作的顺利开展和乡村社会的稳定发展。

改善居住环境和开展生态文明建设是农民当前的新期盼。他们希望能够居住在环境优美、清洁卫生的乡村环境中，享受舒适宜居的生活条件。同时，他们也关注着土地、水资源、空气质量等生态环境的保护与治理，希望能够实现农业生产与生态环境的协调发展。因此，在乡村治理中，应该重视农民对于环境质量和生态健康的关切，采取有效措施改善居住环境，保护生态环境，促进农民的健康与幸福。

为了实现乡村治理的可持续发展，需要激活农民和民间团体的创造性和积极性，增强他们的集体行动能力。这包括鼓励农民参与到决策、管理和服务提供等环节中，让他们成为治理的参与者和推动者。同时，要支持和引导民间组织和社会力量参与乡村治理，发挥他们在资源整合、信息传递、服务提供等方面的作用。通过促进农民和民间团体的参与和行动，可以更好地解决乡村治理中的问题，推动乡村社会的可持续发展。随着现代化进程的加速，农村面临着较为严峻的环境问题，农民对洁净水源、清新空气和绿色食品等的需求越来越迫切。他们希望保护生活环境，维护自身权益，这也是他们投入乡村治理的重要原因之一。

政府和相关部门应该为农民提供更多的支持和帮助，引导他们参与乡村治理的各个环节，共同推动乡村治理的进步和发展。只有在农民的积极参与和支持下，乡村治理才能取得持续的成效，实现可持续发展的目标。

（三）资本引领的驱动力

越来越多的企业意识到生态环境的重要性，开始调整生产经营方式，朝着符合绿色发展理念的方向发展。同时，资本也在向符合美丽乡村建设理念的项目和领域投资，推动乡村治理的进步。

随着社会进步，对农村生态经济的发展提出了更迫切的需求，这也使得对农村生态环境的改造提上了日程。若农村的生态环境不能得到有效及时的改进，将会对食品的安全性产生不利影响，进而影响到资本的收益。在社会对生态友好产品需求不断增长的背景下，资本开始更多地向那些契合绿色发展理念的产业和领域流动。企业意识到践行绿色发展理念可以获得稳定丰厚的利润回报，因此愿意投入资金和资源进行绿色生产。伴随着市场进入门槛的扩大，越来越多的公司采纳了绿色增长的理念，致力于生产符合经济转型标准的商品，以此树立积极的品牌形象，并迈向可持续性发展。通过资本的引导等手段，能够集中农村所急需的各类资源，激发农村现有资源的活力，进而促进乡村的治理和发展水平。资本的参与不仅能够推动农村产业的升级换代，还能促使农村经济向着绿色和可持续的方向前进，从而为乡村振兴战略的实施提供坚实的支撑。

（四）学术机构的驱动力

学术机构在乡村治理过程中的作用十分重要，其理论创新和科研成果可以为乡村治理提供重要的支撑和指导。学术机构不仅能够提供先进的科技支持，还能够培养人才、传承文化，增强社会民众的治理主体意识和参与度。

首先，学术机构可以进行理论创新和科研，研发出适用于乡村治理的先进技术和方法。这些技术和方法可以帮助解决乡村面临的环境、经济、社会等方面的问题，推动乡村治理向着更加科学、合理的方向发展。

其次，教育和研究机构还能够通过培养人才和传承文化来提升公众对于美丽中国理念的认知与接受度。通过开展相关课程、研究项目等活动，培养出更多关注乡村治理和生态文明的人才，增强社会对乡村治理的重视程度和参与度。

此外，学术机构还可以与政府、企业等相关方合作，将自身的理论研究成果转化为公共政策和实践服务，为乡村治理提供更加有效的支持。通过与实践相结合，学术机构可以更好地将理论思想转化为实际行动，推动乡村治理工作取得更加显著的成效。

总的来说，学术机构在乡村治理中扮演着不可替代的角色，其理论创新和科研成果对于推动乡村治理工作的进展具有重要意义。通过充分发挥学术机构的作用，可以更好地实现乡村治理的各项目标。

三、乡村治理驱动机制的要素层次和功能特征

主体驱动力在乡村治理中是通过多个要素而产生作用的。这些要素包括但不限于公共政策、资本、科技和文化等，它们相互作用，共同推动乡村治理的进程。在乡村治理的实践中，需要充分利用这些要素，通过综合运用各种资源和力量，推动乡村治理工作取得更好的成效。

（一）法律与公共政策驱动

公共政策和法律在乡村治理中的作用有所不同，但又相辅相成，共同推动着乡村治理的进行。

公共政策驱动：公共政策具有较强的时效性和灵活性，能够根据实际情况及时制定和调整，以解决当前面临的问题和挑战。政府可以通过公共政策来引导资源配置、调动社会力量，推动乡村治理工作向着既定的方向前进。例如，政府可以制定扶持农业发展、改善农村基础设施、提升农民收入等方面的政策，以促进乡村经济社会的发展。

法律驱动：法律在乡村治理中的作用更多地体现为规范性和约束性。法律具

有普遍性和长期性，是对公共政策的具体化和落实。通过法律的制定和实施，可以对乡村治理中的行为进行规范和约束，保障乡村治理工作的顺利进行。例如，上地管理法、农村土地承包法等法律法规，为乡村土地管理、资源利用、土地承包等方面提供了具体的制度安排。

公共政策和法律在乡村治理中相辅相成，共同推动着乡村治理工作的进行。公共政策为乡村治理提供了方向和动力，而法律则为其提供了制度保障和法律基础。在实际工作中，政府应当综合运用公共政策和法律手段，以促进乡村治理工作的全面发展，实现乡村社会的繁荣和进步。

（二）资金与利益驱动

资金与利益驱动在乡村治理中发挥着重要作用，政府需要通过金融支持、利益调控、解决工业化、城镇化弊端等方式，推动乡村治理工作的顺利开展，促进乡村经济的全面发展。通过运用国家的税费政策、创新金融助农模式以及推动生态经济发展等策略，为乡村的管理与发展注入新的活力和动力，促进乡村经济的发展，实现利益的公平分配，推动乡村治理工作的顺利进行。

（三）科技与人才驱动

先进科技在乡村治理工作中发挥着至关重要的作用，主要体现在以下几个方面。

1.支撑经济社会发展方式的转变

先进科技可以为乡村经济提供技术支持，推动传统的农业生产方式向现代化、智能化、绿色化的方向转变。通过引入先进的农业生产技术、信息技术和生态环境监测技术，可以提高农业生产效率，优化资源利用，实现农村经济的可持续发展。

2.促进农村经济的生态化转型

先进科技在农村治理中也可以促进农村经济的生态化转型。例如，利用先进的环保技术和清洁能源技术，可以减少农村生产过程中的环境污染，保护生态环境；利用生物技术和生态农业技术，可以实现农业生产与生态环境的协调发展，推动农村经济向绿色低碳方向转型。

3.提升乡村治理的智能化水平

先进科技还可以提升乡村治理的智能化水平。通过应用人工智能、大数据分析等技术，可以实现对乡村资源利用、环境保护、社会管理等方面的精准监测和智能化管理，提升乡村治理的科学性、精准性和效率性。

因此，充分利用先进科技的力量，不仅可以促进乡村经济的发展和转型，还可以提升乡村治理的水平，推动农村社会的全面进步和可持续发展。农业科技的创新与推广对于提升农村治理水平、推动农村现代化和生态文明建设具有重要意义。通过加强科技教育、推广先进技术和健全推广体系，可以为实现美丽乡村和可持续农业发展提供有效支持。

（四）文化与教育驱动

赓续农耕文明，深入挖掘、继承创新优秀乡土文化，可以在提升公民美丽乡村意识、提高乡村治理效率、利用丰富的文化资源和弘扬传统文化精神等方面发挥重要作用，为乡村治理和乡村振兴注入新的活力。

四、我国乡村治理驱动机制运行中存在的问题及解决思路

（一）互动整合机制不够协调

不同主体之间的协作和合作存在不够协调的情况，可能会出现信息不对称、责任不明确、利益冲突等问题，影响乡村治理的推进。为了解决这些问题，需要建立有效的协作机制和合作平台，加强各主体之间的沟通和信息共享，明确责任分工和权利义务，制定合理的利益分配机制，提高协作效率和治理水平，推动乡村治理工作的顺利进行。

（二）公共政策体系有待完善

在城乡一体化发展的进程中，制定公共政策既要关注乡村生态环境的保护，又要促进经济发展，这是一个具有挑战性的任务。通过有效的措施落实，可以切实解决在城乡一体化进程中制定公共政策所面临的挑战，推动乡村治理工作取得更好的成效，实现经济社会的可持续发展。

（三）乡村治理主体参与意识不够高

在乡村治理的过程中，政府的行政推动力与乡村内在的自我发展能力都应当受到充分重视。许多组织和个体倾向于将农村的居住环境与自然景观的优化责任归咎于政府，而忽略了乡村社区自身参与治理的重要性和积极性不足的问题。同时，一部分地方官员和村民认为这些职责完全属于政府范畴，期待仅凭政府资金支持就能解决问题，导致在主动性和创新方面的表现不佳。此外，现有的金融支持体系也显示出不足之处，迫切需要通过创新途径来加以强化。缺少对生态文明重要性的认识，使得一些机构未能深刻理解乡村治理与社会长远利益间的紧密联系。同时，对于乡村治理可能引发的新市场机遇、绿色发展趋势以及消费需求的转变认识不足，也可能成为制约企业持续成长的因素。

（四）乡村治理理论的探讨需更加深入

在我国社会主义新农村建设的过程中，乡村治理已成为推动农业、农村和农民工作（即"三农"工作）的关键环节和任务之一。尽管如此，乡村治理在理论体系和体制机制方面还存在不少需要完善的地方。在乡村治理实践中，很多问题都急需进一步探讨和研究，例如如何调整利益关系、如何进行规划和引导、推进乡村治理的策略是什么、如何提供产业支持以及建立支持机制等。因此，学术界需针对中国的具体国情，积极推进乡村治理理论的创新和发展。这不仅需要从中国本土的实践中总结乡村治理的机制和经验，还要认真吸收和借鉴国际上在乡村

治理领域的先进理论和实践，从而丰富和完善我国的乡村治理理论体系。

　　建立一个有效的驱动机制对于促进乡村治理至关重要。形成政府、民间、资本及学术界共同参与的"四位一体"驱动模式，有助于更深入地分析和理解美丽乡村建设的动力源泉、关键因素及它们之间的互动关系。这种多元合作的模式不仅能够有效推动乡村治理的实践，而且对于探索和完善乡村治理的理论体系也具有重要的价值。

第二章　乡村治理体系的健全

第一节　加强农村基层党组织建设

一、加强农村基层党组织的领导作用

深入理解农村基层党组织领导地位的重要性是十分必要的。这一领导地位是由党的性质和在社会中的地位，以及农村的具体实际情况所共同决定的，并且是在长期的实践过程中逐渐形成并得到确认的。

充分理解农村基层党组织领导作用的深层含义极为关键。这一地位主要从四个方面体现：首先，它是保障党的路线、方针和政策在农村得到有效实施的领导力量；其次，它是对农村各种组织的领导力量；再次，它是指导农村各项事务的领导力量；最后，它是团结和引领农民群众共建美好生活的领导力量。这四个方面全面而精准地描绘了农村基层党组织领导地位的本质。我们需深刻把握这一点，以便在实际工作中能够站在全局的高度进行统筹规划，并最大限度地发挥农村基层党组织的领导作用。

为了最大化发挥农村基层党组织的领导作用，我们应当关注以下几个方面的方法和工作重点。

加强党的理论和政策教育，确保农村基层党组织和党员领导干部深刻理解和准确把握党的路线、方针、政策，增强执行力和指导力。

优化农村基层党组织的结构和功能，确保其能够有效地领导农村经济发展和社会管理，提升组织效能。

加强农村基层党组织带头人的培养和选拔，确保领导干部既有政治素质，又具备解决农村实际问题的能力。

推动党组织与农村社会组织的良性互动，通过党组织的引领作用，促进社会组织的健康发展，共同服务农村社区。

加大对农村基层党组织工作的支持和保障，包括资金、政策等多方面的支持，为其开展工作提供坚实的物质和政策基础。

强化农村基层党组织在乡村治理中的示范引领作用，通过党组织的先进事迹

和模范行为，激励广大党员和群众积极参与乡村建设和治理。

关注和解决农村群众最关心、最直接、最现实的利益问题，提升农村基层党组织的群众基础和影响力。

通过上述方法和重点工作的落实，可以有效增强农村基层党组织的凝聚力和战斗力，充分发挥其在乡村振兴和社会主义新农村建设中的领导作用。

二、强化农村基层党组织的战斗堡垒作用

充分发挥农村基层党组织的战斗堡垒作用，关键在于加强其政治引导能力。这需要我们严守政治方向，坚持政治原则，强化政治领导力，确保农村基层党组织始终担当起领导职责。我们应当积极推广和实施党的指导原则、政策和方针，保证上级党委的各项战略部署能够被有效传达至农村基层，并转化为农民的具体实践。通过这种方式，可以增强基层党组织在农村的政治引导力，确保农村工作沿着正确路径发展。

要发挥农村基层党组织的战斗堡垒作用，提高其服务能力是关键。这就需要充分利用基层党组织作为党与群众沟通的桥梁和纽带的角色，全心全意地服务人民，保障人民群众的根本利益。我们应当着力于提升服务的层次和质量，通过增强服务功能来增强群众对党组织的信任。这种做法能够有效地将群众团结在战斗堡垒的周围，携手努力完成党的任务。

要让农村基层党组织发挥出战斗堡垒的作用，关键是要聚集其战斗力。这不只是要选出优秀的农村党支部书记并强化他们的领导能力，还要着重构建一支完善的领导班子和具有凝聚力的团队，以便集中党支部和党员们的力量。加强党性教育同样重要，确保每一位党员平日里都有鲜明的党性，能在关键时刻勇于站出来，面对挑战和风险时能坚定不移。采取这些措施，可以使党支部在群众中树立威信，进而不断提升战斗力。

三、激发农村基层党组织活力

当前，农村基层党组织队伍和农村骨干队伍建设中出现了许多新情况和新问题，尤其是村干部队伍继任问题十分突出。虽然越来越多的优秀人才回流到农村创业，但由于村干部的薪酬待遇不高等因素的影响，一些人担任村干部的意愿并不强烈。一些地方农村存在着发展党员优亲厚友、优秀人才被排挤的现象。由于大量青壮年外出务工和优秀人才外流，导致了党员老龄化、文化水平偏低和带动能力不足等问题。在偏远贫困地区的一些农村，基层党组织存在老化和弱化的现象，组织活动常常只是在名义上，而缺乏实质性内容，甚至被黑恶势力所渗透。一些村干部的素质较低，思想观念滞后，带领群众致富能力不强，治理水平不高，难以适应新时代农村改革发展的需求。许多村庄的工作主要依赖上级派驻的"第一书记"和大学生村官，这些人积极性较高、能力较强，但大多只是短期驻

村，缺乏长期性的带领和管理。

必须把选拔优秀、配备强劲的带头人作为农村基层党建工作的头等大事，严格把关选人条件，积极选拔政治素质高、能够带领农民致富、善于治理的村干部人选。在农村基层党组织建设中，应特别重视那些在当地具有影响力的致富带头人、具备专业技能的当地人才、社会认可的新兴村贤、有创业经验的返乡从商者、有组织纪律性的退役军人以及表现出色的优秀大学生村官等党员，并考虑将他们选拔为村党组织的书记。面对一些地区村干部候选人不足的问题，应采取多种措施，包括鼓励人才回归乡村、引进外部优秀人才以及培养本地潜力人才，特别是要吸引高校毕业生、外出务工的农民工、机关及企事业单位的优秀党员干部来村里任职。此外，要持续加强对优秀青年农民的党员发展工作，不断增强农村后备干部队伍的实力，以确保在换届选举时有足够的合适人选可供选择。

为了更好地适应农村发展的新趋势，应当积极探索和创新农村党组织的设置方式。这包括根据农村发展的需要调整不同类型农村党组织之间的隶属关系，扩大党的组织和工作在农村的覆盖面。同时，强化区域性党建和特定领域内的党建工作的相互融合，全方位推动农村基层党组织的整体能力提升和地区党建工作的全面进步。在此基础上，依据地理位置接近、组织规模合适和活动开展方便等原则，可以探索由领头的大企业带头，与村庄企业共同合作，建立具有区域特色的党组织。例如，通过龙头企业与周边村庄联合，共同成立区域性的党组织，这样既能够有效整合资源，又能够确保党组织活动的有效性和实用性。这种模式有助于加强农村党组织的领导力和凝聚力，为农村的可持续发展提供坚实的组织保障。加速推进新领域、新组织、新业态的党建工作，包括农民合作社、农业龙头企业、农村社会服务组织、创业者集聚地、农民工聚居地、农民专业合作社联合会等。及时调整和优化村级、组级、村改社区和跨村经济联合体的党组织设置和隶属关系，切实加强党组织对农村各类组织的领导。

要严格落实党的组织生活的各项制度，充分实施"三会一课"（即党员大会、党支部委员会、党小组会和党课）、支部主题党日、组织生活会、民主评议党员等制度，以此提高对党员的教育和管理质量。同时，需要探索和实践提升党的组织生活活跃度的有效途径和方法，确保党的组织生活丰富多彩、富有成效。

对于农村的人才培养和党员发展工作，应当重视从农村现有人才、青年农民、外出务工的优秀人员中挖掘和培养潜在的党员。通过这样的做法，可以为农村党组织注入新鲜血液，不断增强党组织的活力和战斗力，确保党在农村的根基更加牢固，为农村的发展和进步提供坚强的政治保障。

全面深化农村党员管理工作，认真解决农村党员队伍老龄化和管理不严等问题，持续整顿软弱涣散村级党组织，谨慎推进不合格党员处理工作，严格日常教育和管理，确保每个党员都成为先锋模范和旗帜。

第二节　增强乡村自治功能

一、规范村级组织工作

村级组织是指设立在村庄层面的各类基础性组织，通常包括村级党组织、村民委员会（即村民自治组织）、青年团的村级组织、妇女代表大会、村民自卫队，以及所谓的"两新"组织，即在农村新兴的经济组织和社会组织。这些组织共同构成了村庄治理和社会活动的基础，是农村政治生活和社会管理的重要组成部分。在推动农业农村现代化建设和城乡一体化进程中，村级组织发挥着至关重要的作用，并产生了巨大影响。

当前，村级组织的工作方式主要呈现出以下几种类型：一是经验型，即一些村的议事规则和程序不够健全，仍然依赖于经验和惯例，有时落后于新的形势。在这些村，村委会成员的整体文化水平较低，限制着他们学习知识、认识问题、分析形势的能力提升，导致他们对新时期农村工作认识不够深刻。二是随意型，即一些村没有建立或执行相应的规章制度，或者即使有制度也仅止步于形式，没有得到有效执行。在这种情况下，工作缺乏明确的目标和计划，办事缺乏主张和原则，有时对村级组织的工作持漫不经心的态度，甚至置之不理。三是任务型，即一些村的村委会职责不够明确和具体，只是将乡镇下达的任务视为村里工作的全部内容，缺乏开拓创新的能力和特色，不积极寻求发展机会，而是采取被动等待的态度。

（一）规范村级组织工作事务

为解决村级组织承担过多行政事务和检查评比事项的问题，需要进行清理整顿，切实减轻其负担。政府机构不应在村级设立分机构，并且不得以行政命令的方式要求村级组织承担行政性事务。对于交由村级组织承接或协助政府完成的工作事项，应充分考虑村级组织的承接能力，实行严格的管理和总量控制。应从源头上清理和规范上级对村级组织的考核评比项目，并鼓励各地实行目录清单、审核备案等管理方式。同时，规范村级各种工作台账和各类盖章证明事项，推广村级基础台账的电子化，建立统一的"智慧村庄"综合管理服务平台。

（二）提高村干部综合水平，推进村级组织工作规范化

村干部是村级组织中最为活跃的要素，其综合素质的高低直接关系党的各项方针政策在农村的贯彻落实以及村级组织工作机制的有效性。因此，提高村干部的综合素质是推进村级组织工作机制规范化建设的关键之举。首先，要加强教育培训，提升综合技能。建立干部上岗培训和在岗轮训制度，定期开展政策、法律、法规的轮训，利用村级电教点组织村干部学习党员教育片和农业科技讲座，同时，乡镇党政班子成员要定期与村干部交流思想、提升认识。其次，要选派上

级干部到村任职，增强村干部队伍的活力，帮助其转变工作方式和思维方式，适应新时期农村工作需要，规范村级工作运作，加强后备干部的培养。再次，建立村级后备干部队伍，通过笔试、面试程序选派优秀人员作为重点培养对象，并进行动态管理。最后，利用结对帮扶，加强干部间的交流，建立互访互学制度和挂职锻炼制度，促进感情增进、工作促进，增强村干部的才干。

（三）规范阵地建设，提高组织战斗力

根据"坚持标准、因时制宜、量力而行"的原则，结合各村人口规模、基础条件和经济能力等实际情况，采取"一事一议"、层级示范抓引领等工作方式，分类实施党建阵地建设。在硬件方面，统一"八室"标准，配备电脑、投影仪等硬件设施，同时悬挂党旗，并保证政策公开和村"两委"班子成员岗位和服务承诺公开"三上墙"。在软件应用层面，可以通过统一的平台将"三会一课"（党员大会、党支部委员会、党小组会和党课）、党员学习活动、组织生活会，以及党员的权利与义务等规章制度进行数字化展示和管理。这种做法有助于提高党组织管理的效率和透明度，同时也方便党员随时随地了解和参与党内活动，增强党内生活的规范性和活跃度。通过软件平台，党员可以更方便地获取相关信息和资料，参与线上学习和讨论，积极参与党内各项活动，从而更好地履行自己的权利和义务。

（四）规范议事决策，增强工作透明度

一是明确和理顺村党支部领导与村监委会监督者的关系，确保认真履职。二是按照党组织提议、村"两委"会商议、党员大会审议、村民代表会议决议、村"两委"班子组织实施的五道程序，镇（街）内部商议形成的决策方案把关、审议决议程序把关、财务收支情况审核把关，然后公开实施方案和过程结果，最后执行契约化管理，确保决策民主、过程透明、结果公正。三是落实民主监督，充分发挥村监委会的监督职能，强化对党务村务活动的监督，提升村级工作的透明度。同时，畅通党员群众监督渠道，通过村民代表大会、书记信箱、说事室等方式，促进党员群众参与议事决策，表达诉求，推动基层民主建设。

（五）规范便民服务，提高办事效率

针对百姓反映的办事难、对惠民政策不了解等问题，建立便民服务大厅，采用"一站式服务"原则，将民政、财政、社会保障等部门集约到一间服务大厅，方便群众咨询惠民政策，简化办事程序，让群众少跑冤枉路，一站式解决群众的问题和疑问。此外，积极完善代办制度。根据群众意愿，成立群众办事代办点，由村"两委"班子成员或包村工作队干部作为代办人，明确代办范围，避免"无力办、胡乱办、办不好"的问题。同时，设立"代办服务联系电话""党群干群联系卡"等工作载体，提高代办服务工作效率，实现群众"办小事不出村、办大事不出镇"的愿望。

（六）规范村务管理，增强发展能力

围绕规范村级干部的履职行为、发挥村委会承上启下的作用、提升党员干部服务群众的能力三个方面，制定推行"三单两书"制度，即村党组织书记责任清单、村委会权力清单、农村党员干部负面清单以及签订竞职承诺书和纪律承诺书，进一步明晰权责、强化监督，确保农村工作合理规范化运转。

首先，通过列出村党组织支部书记责任清单，将党建工作内容具体化、量化，让村书记明白党建工作抓什么、怎么抓。其次，制定权力清单，让村民委员会"法无授权不可为"，确保公开、公平、公正，防止滥用权力。再次，出台党员干部负面清单，明确纪律底线，规范约束农村党员干部日常行为。最后，通过签订竞职承诺书和纪律承诺书，确保选举过程公正、公开、公平，让竞选人员明确工作目标和责任，强化监督机制，让群众了解村干部的工作目标和完成情况，增强村干部的责任担当。

二、增强村民自治能力

农村民主自治的形成与农村改革开放的进程密不可分。虽然改革开放以来，农村与城市之间的流动加剧，但城乡二元结构并未根本改变，农村地区的发展与城市之间的差距逐渐扩大。尤其是在教育领域，农村与城市之间的教育水平差距明显，这导致了农民整体素质，特别是文化素质不高。与此同时，民主制度的有效运行与农民的文化素质密切相关。农村民主自治需要建立在农民的文化素质基础之上。文化素质的提高有助于农民更好地理解和参与民主政治，促进农村民主自治的健康发展。因此，加强农村教育的投入与改革，提升农民的文化素质是至关重要的。这包括普及义务教育、加强职业教育和技能培训，提供更多的学习机会和平台，培养农民的综合素质和民主意识。此外，还需要加强对农民的民主教育和法治教育，提高他们对民主制度和法律法规的认识和理解。通过开展各种形式的宣传教育活动，让农民了解自己的权利和义务，增强其参与民主决策和自治管理的意识和能力。

总的来说，农村民主自治的健康发展需要从提升农民的文化素质和民主意识入手，通过教育和宣传等手段，逐步增强农民的参与意识和能力，进而实现真正意义上的农村民主自治。

（一）增强村民自治组织能力

在实施乡村振兴战略中，组织部门应采取以下措施，以增强村民自治组织能力，推动乡村治理的有效实施。第一，增强自治组织能力。组织部门可以通过开展培训、引导村民参与自治组织建设，提升村民自治组织的运作能力和管理水平。这包括加强村民自治组织的组织架构建设，培养村民自治干部队伍，提高自治组织的运行效率和服务水平。第二，完善村民议事决策主体和程序。建立健全村民代表会议制度，明确议事决策的程序和权限，保障村民代表会议的民主性和权威性。同时，鼓励村民通过座谈会、民意调查等形式参与决策，确保决策的科学性和民意化。第三，创新自治形式。组织部门可以探索多种形式的村民自治，如村级合作社、村级社区组织等，鼓励村民自主管理和运营村级事务，促进村级资源的整合和利用，提高村级治理效率和水平。第四，落实村规民约。推动村民参与制定和执行村规民约，明确村级管理和服务的内容和标准，加强村民的自治意识和责任意识，促进村民自治的规范化和制度化。第五，推动乡村治理重心下移。组织部门应支持和鼓励村级自治组织承担更多的治理职能和责任，将乡村治理的重心下移到村级，增强村级自治组织的主体地位和作用，实现乡村治理的民主化、法治化和精细化。第六，形成村党组织领导的充满活力的村民自治机制。充分发挥村党组织在村级自治中的领导作用，加强党的组织建设，建立健全村级党组织和村民自治组织的协作机制，促进乡村振兴战略的顺利实施。

（二）加强村民自治组织建设

加强村民自治组织建设是推动基层民主、促进乡村振兴的重要举措。以下是加强村民自治组织建设的一些建议。

建立健全村民自治组织：成立村民委员会或村民代表会议等组织，作为村级自治的核心组织，负责组织和协调村民自治工作，保障村民基本权益。

民主选举程序：规范村民自治组织的选举程序，确保选举公平公正，增强组织的合法性和代表性。村民应当有权利参与选举，并选举产生有代表性、能力过硬的自治组织成员。

加强组织管理：建立健全村民自治组织的管理制度和运行机制，包括制定章程、规范议事程序、明确职责权限、加强内部监督等，提高组织的效能和透明度。

提升自治组织能力：通过培训和学习，提升自治组织成员的管理和服务能力，使其更好地适应村级治理和社区服务的需要，有效地发挥自治组织的作用。

加强与党组织的联系：村民自治组织应当与党组织密切配合，充分发挥党的领导作用，形成党组织领导、村民自治协同的工作格局，共同推动村级事务的协调和发展。

广泛宣传倡导：加强对村民自治的宣传和教育工作，引导村民树立自治意识和自治观念，积极参与村级事务，共同建设美好家园。

倡导合作共治：鼓励村民通过合作共治的方式，共同解决村级事务中的难题和矛盾，形成村民自治的共同体意识和责任感。

通过以上措施，可以有效加强村民自治组织建设，提升村级自治水平，促进乡村社会治理的现代化和民主化。

（三）完善村民议事决策主体和程序

要完善村民议事决策主体和程序，可以采取以下措施。

民主参与机制：建立健全村民代表大会制度，确保村民代表能够充分代表和表达村民利益，制定村民议事决策的基本程序和规则。

广泛征求意见：在重大事项决策前，广泛征求村民的意见和建议，可以通过召开村民大会、座谈会、民意调查等形式，听取村民的意见和建议。

信息公开透明：提供决策相关信息，确保村民了解决策内容、影响和理由，促进村民对议事决策的理解和支持，增强决策的合法性和公信力。

民主决策程序：规范村民代表大会的召开程序和议事程序，包括议程安排、发言顺序、表决方式等，确保决策程序公正、公平、公开。

权责分明：明确村民代表大会和村委会的职责和权限，村民代表大会是最高决策机构，村委会是执行决策的执行机构，确保决策主体的权责分明。

民主监督机制：建立村民对决策的监督机制，通过村民代表大会报告制度、财务公开制度、监督委员会制度等，加强对决策执行情况的监督和评估。

法治保障：遵循法律法规，确保决策程序合法合规，加强决策过程的法律顾问工作和法律审查，防止违法违规行为发生。

通过以上措施，可以完善村民议事决策的主体和程序，增强村民的参与意识和自治能力，提高决策的民主性、科学性和有效性。

（四）落实村规民约，弘扬公序良俗

落实村规民约、弘扬公序良俗是加强基层治理、促进社会和谐稳定的重要举措，以下是一些具体措施。

制定村规民约：村规民约是村级自治的基本规范，应由村民代表会议或村民自治组织经过广泛协商制定。村规民约应涵盖村级事务管理、村民行为规范、公共资源利用等内容，明确规范村级生活秩序。首先，需要充分调动村民的积极性参与村规民约的制定。村规民约的制定过程应该是民主、公开、透明的，让每一个村民都能够参与其中，感受到自己的主体地位，从而增强村规民约的约束力和可操作性。其次，要结合村庄发展的实际，制定符合本村庄历史传统和现实发展需要的村规民约。这意味着村规民约的内容和形式应该与当地的文化传统和发展阶段相适应，既要保留传统的优秀道德文化，又要结合现代法治精神，以及村庄的历史风俗，制定出有针对性的规定。最后，要在村规民约中制定与现代法律体系相衔接的司法服务条款。这意味着村规民约应当与国家法律法规相衔接，对村民行为做出明确规定，并建立相应的司法服务机制，以保障村民的合法权益，提高自治、法治、德治相结合的水平。

加强宣传教育：通过宣传栏、文化活动、社区广播等形式，宣传村规民约的内容和意义，引导村民自觉遵守，树立公德意识和法治观念，形成共同遵守、共同维护的社会共识。

建立监督机制：建立村级监督委员会或监督小组，负责监督村规民约的执行情况，接受村民投诉举报，及时处理违反规约的行为，保障规约的有效执行。

加强执法力度：设立村级巡逻队伍或治安巡防队，加强对村级公共秩序的监督和管理，及时处理村内的安全问题和矛盾纠纷，维护村级社会稳定。

注重教育引导：加强对青少年和特殊群体的教育引导，培养他们的公民意识和法治观念，提升他们的社会责任感和公德修养，从小树立正确的价值观念。

弘扬典型案例：定期组织表彰村规民约执行好的典型村民，宣传先进事迹，激励更多的村民积极践行村规民约，共同维护村级社会秩序。

加强自治组织建设：组织村民自治组织参与村规民约的制定和执行，让村民更加自觉地参与村级事务管理，形成自治、法治、德治相结合的村级治理模式。

通过以上措施，可以有效落实村规民约，弘扬公序良俗，促进村级社会治理的健康发展，实现村民自治的良好效果。

三、丰富村民议事协商形式

农村议事会是由党员和村民代表推选产生的由5—9人组成的农村事务研讨小组。它是根据村民人数形成的群众性非正式组织，成员多为备受尊敬的老村干部或具有智谋、善于监督的村民。其主要职责是在村党支部和村委会的领导下，在村内重大事务决策前进行调查研究，为决策提供建议，在决策执行后进行监督。在农村开展农田水利设施建设、道路维护、植树造林等重要工程项目，或是在拟定、修订和完善村级财务管理规定、村规民约等关键性文件之前，一般会先组织召开农村议事会。这样的会议旨在广泛收集和听取来自各方的意见和建议，确保决策过程的民主性和透明度，从而使得决策更加符合村民的实际需求和利益，促进社会和谐与村庄的可持续发展。通过这种方式，农村管理更加贴近民意，有利于增强村民的归属感和参与感，共同促进村庄的和谐发展。

开展村级议事协商创新实践，需要引导各地采取以下措施。首先，需要在相关制度建设方面采取创新措施，增强村级议事协商的可操作性和规范性。这意味着要制定或完善一套明确的议事规则、流程和标准，确保议事活动有序进行，并能够产生具有约束力的决策结果。其次，在深化村级议事协商的实践操作方面，需要采取实际有效的措施，确保村级议事协商贯穿于村级事务决策的整个过程。这涉及从议题的提出、讨论到决策、执行及反馈的每一个环节，都要充分体现协商的精神和原则，特别是在那些直接关系到农民群众切身利益的重大事项上，如在土地使用、公共设施建设与维护、环境保护等问题上，更应广泛征求村民的意见和建议，通过充分的协商来达成共识，解决问题。最后，在解决制约村级议事协商深入开展的关键问题上采取切实措施，拓宽农民群众参与乡村治理的制度化渠道。

健全村级议事协商制度，建立民事民议、民事民办、民事民管的多层次基层协商模式。创新协商议事形式和活动载体，通过村民会议、村民代表会议、村民议事会、村民理事会、村民监事会等多种形式，鼓励农村展开村民说事、民情交流、百姓议事、妇女议事等各类协商活动。这不仅是当前形势发展的必然要求，也是大势所趋，更是农村治理的必然选择。

村民议事协商在推动乡村治理方面的重要价值主要体现在以下四个方面。

（一）有助于促进基层民主政治发展

协商民主作为实现党的领导的重要途径和我国社会主义民主政治的独特形态与优势之一，对于扩大公民有序的政治参与具有至关重要的意义。这也是深化协商民主实践，拓展其应用领域的必然需求。虽然《中国人民政治协商会议章程》没有明确规定在乡镇、街道和农村建立政协组织，但这并不代表协商民主的活动不应向基层延伸。

党的二十大报告强调了社会主义协商民主重要作用的发挥，并指出需要统筹推进七个重要的协商渠道，其中基层协商和社会组织协商被视为重要环节。在中国的乡村治理中，村民委员会作为基层群众自治的组织，是国家与乡村群众联系的关键桥梁。村民委员会不仅负责管理乡村的政治、经济、文化和社会事务，还承担着实施民主选举、民主协商、民主决策、民主管理和民主监督等多项任务。

因此，在推动乡村治理现代化的进程中，必须完善由党组织领导下的村民自治机制，加强村民自治组织的建设。通过开展多样化的村民议事协商活动，可以将社会主义协商民主深入到乡村治理的各个方面和层面，从而确保乡村治理既民主又高效，更加贴近村民的实际需求和利益。

（二）有助于充分保障村民民主权利

"有事好商量，众人的事情由众人商量"真实反映了人民民主的本质。在我国，将选举民主与协商民主有效结合，已经成为社会主义民主政治建设的一项宝贵经验。随着时间的推移，中国农村的村民选举程序变得更加制度化和规范化，但实际执行中仍存在不少差异，特别是在一些经济欠发达地区，村民在农村公共事务的管理、决策和监督方面的参与度不足。

为了推进乡村治理的现代化，深化农村改革，突破农业、农村和农民发展的障碍，提升农民的收入，并全面改善农村的面貌，必须充分激发和利用村民的力量，这一过程应该建立在保障村民民主权利的基础上。虽然在传统的乡村自治机制中，村委会的成员和主任是通过村民选举产生的，但选举民主本身的局限性，使得确保村民在乡村公共事务和资源分配中的决策权得到合理反映成为一个亟须解决的问题。

为此，丰富和创新村民议事协商的形式十分必要，这不仅能够引入并强化协商民主在乡村治理中的作用，而且是对传统乡村民主形式的重要补充。通过这种方式，可以更有效地保障村民在管理、决策和监督等方面的民主权利，确保民主贯穿村民的日常生活，解决直接关系到村民切身利益的问题，从而避免不必要的社会冲突，促进农村社会的和谐与稳定。

（三）有助于推动完善乡村协商民主制度建设

完善村级议事协商制度，并建立一个涵盖"民事民议、民事民办、民事民管"的多层次基层协商体系，对于推进乡村治理现代化具有重要意义。乡村协商民主制度并非凭空想象，而是一个在村民议事协商实践中逐步形成、发展并成熟的过程。我国自20世纪以来便开始实施村民议事协商，但直至今日，一些乡村仍出现超越权限、违规以及违背民意议事的现象。这种情况表面上看是因为部分村干部缺乏民主意识和依法办事的理念，对相关政策和法规掌握不足，工作方法过于依赖个人经验并习惯一手包揽所有事务，根本原因在于村民议事协商过程缺乏必要的制度化、规范化和程序化。

目前，已有不少地区在实践中逐渐加强村民议事协商的制度建设，例如建立村民议事会制度，定期邀请村民参与讨论乡村重大事项的决策；建立议事监督制度，构建监督网络，定期收集和处理村民的反馈和意见。此外，对议事协商的内容和边界也进行了更进一步的规范和明确，如确保村民普遍关注的问题、与民生改善相关的公共事务、乡村集体资源和资金使用等问题必须纳入议事范围；而那些明显违反法律法规、带有歧视性或不公正的事项则绝不纳入议事范围。

村级议事协商制度的持续完善，不仅是丰富村民议事协商形式的重要保障，也在规范工作程序、规范化岗位责任、科学化管理方法等方面起到了推动作用。通过不断丰富村民议事协商的形式和实践，有助于促进乡村议事协商制度的形成和成熟，为乡村治理提供更加坚实的民主基础。

（四）有助于激发村民参与议事协商的积极性

推进乡村治理现代化需要寻找并推广受到群众欢迎的议事协商形式，以更好地激发村民的参与积极性。乡村的人口构成特点对议事协商的参与度产生了一定影响，尤其是由于大量劳动力外出务工，留下的主要是老年人和一些弱势群体，这部分人群往往对参与村级议事协商的积极性不高。此外，一些地区村民的利己主义思想较重，他们可能更多关注个人利益，不愿参与到共同讨论中来，或者对不满意的决策不予执行，这无疑增加了乡村治理的难度。

还有一个问题是一些村干部可能存在所谓的"尾巴主义"思想，即出于害怕麻烦或引发冲突的考虑，而不愿意积极推进议事协商过程，这种态度也会阻碍乡村治理的有效进行。

为了丰富和活跃村民议事协商的形式，需要从多个角度出发，一方面激励和推动农村举办各类协商活动，另一方面创造便利条件，让每一位村民都能参与到议事协商中来。

首先，可以鼓励农村开展形式多样的协商活动。比如"村民说事""民情交流会""百姓议事堂"和"妇女议事会"等，以更全面地收集和了解村民的意见和需求。通过设立针对不同群体和议题的特色协商活动，能够确保针对性地解决问题，精准地匹配矛盾双方，有效防止村民对与自身利益无直接关联的议题采取冷漠态度。

其次，可以根据各乡村的具体情况，建立多元化的协商平台。比如，在村委会或其他公共场所设置专门的"协商议事室"，为村民提供一个专门讨论村务的物理空间；同时，可以利用现代通信技术，建立在线的即时协商平台，让那些外出务工或因其他原因无法亲临现场的村民也能参与到协商中来。这种线上线下相结合的协商模式，不仅能增加协商的灵活性和便捷性，还能保证更广泛的村民参与度。

通过这些措施，可以有效地将村民的"议论"转化为实质性的"议事"，让村民将参与议事协商变成习惯，从而形成更加活跃和健康的村级公共生活氛围，为乡村治理现代化提供强有力的民意基础和广泛的民众参与。

需要补充说明的是，实践中，村级组织负责人的协商能力还需提高。村级组织在政策宣传、宣传方式、宣传面以及对政策理解方面存在着不完善和不充分的问题，导致往往不与村民协商议事，出现群众不支持、不配合的情况。久而久之，与群众之间形成了思想上的隔阂和行动上的偏差，村级组织负责人也因此感受到农村工作难以开展、与群众思想沟通的难度大等问题。

同时，广大农民群众的协商能力亟待加强。农民群众的利益选择性和现实需求性是客观存在的。他们在面对自身利益的选择时，会更倾向于积极参与；相反，对于与他们利益无关的事务，他们的参与积极性较低，甚至可能不愿参与。此外，由于农村中留守老人较多，他们参与村级事务的能力本身较弱，这也是一个现实存在的问题。

为提高农村群众参与议事协商的能力，首要任务是激发他们的积极性。要坚定执行村民议事协商制度，逐步建立民事民议、民事民办、民事民评等多元化参与机制，尤其是引入代替留守老人参与议事协商的家人，以产生更加显著的效果和作用。乡村振兴是解决"三农"问题的核心任务，这不仅需要基层干部的带头作用，更需要组织和动员广大群众积极参与其中。只有切实执行议事协商制度，才能更好地贯彻各项政策，形成强大的合力，推动农村全面发展。

武城县"一部四会一网一社"是山东省德州市在乡村治理方面的一项创新举措，旨在构建健全的村级治理体系，提升基层治理水平。这一机制主要包括：

"一部"：指的是村级党组织。村级党组织是村级治理的领导核心和指导机构，负责统筹协调村级事务，领导和推动村级工作的开展。

"四会"：包括村民代表大会、村民议事会、村民监察委员会、村民自治组织（如村民理事会等）。这四个会议构成了村级民主决策、监督和自治的重要平台，保障了村民的参与权利和民主权利。

　　"一网"：即村级信息化管理平台，通过建设信息化系统，实现村务信息化、智能化管理，提高了村级管理的效率和水平，提供了更便捷的服务和沟通渠道。

　　"一社"：指的是村级社会组织，如村民互助组织、志愿服务组织等。这些社会组织在促进社会和谐、提升社区凝聚力、解决群众实际困难等方面发挥着积极作用。

　　这一机制的建立和运行，有效地促进了村级民主自治，提升了基层治理水平，也为其他地区提供了可借鉴的经验。通过党组织的领导、民主决策的机制、信息化管理的手段以及社会组织的参与，形成了一套比较成熟的村级治理模式，为乡村振兴提供了有力的组织保障。

　　1.建设过硬支部，打造村级治理主心骨

　　一是强化支部主体地位。强化支部主体地位，健全完善村级组织是推进乡村治理现代化的重要举措之一。"一核多元"治理体系是在党支部领导下，充分发挥各类村级组织的作用，实现村级治理的科学决策、有效执行和监督评估。通过明确各类村级组织接受党支部领导，强化支部在村级治理中的核心地位，构建起"一核多元"治理体系，有利于统一思想、凝聚力量，形成协同合力，推动乡村治理体系的现代化和乡村振兴的顺利实施。

　　二是强化支部领导。强化支部领导是推进村级治理现代化的关键一环。通过党的领导充分渗透、有机地融入村级治理各方面全过程，可以更好地发挥党组织的政治优势和组织优势，推动村级治理体系的健康发展。①统筹配置村干部资源。充分考虑村级治理的需要，合理配置村级干部资源，将优秀的党员干部派驻到各类村级组织中担任重要职务，实现党支部与其他村级组织干部的交叉任职，增强各级组织之间的联系与协调。②设岗定责引导党员参与。由村党支部书记兼任议事会召集人，引导党员进入议事会、理事会等组织中发挥作用，实现党的领导在村级治理中的全方位覆盖和深度参与。③强化关键环节掌控力。党支部负责接受和审查村民议事会的议题申请，对不符合村民自治权限和违反政策法律的议题进行审核，确保村民议事会的议题符合法律法规和村级自治规定。④强化全面监督和评价。党支部定期听取"四会"报告工作，监督履职尽责，组织党员群众进行履职评价，提出工作要求，通过全面监督和评价机制，促使各级组织切实履行职责，保证村级治理工作的有效开展和对村民利益的维护。

　　通过以上措施，可以实现党的领导在村级治理中的全覆盖和全方位参与，确保村级治理体系健康运行，为乡村振兴提供坚强的组织保障和政治保证。

　　三是强化支部自身建设。强化支部自身建设是确保党在村级治理中发挥统领作用的关键环节。通过聚焦基本队伍、基本保障、基本制度和基本活动等方面，可以提升党支部自身的组织力和战斗力，更好地履行领导责任，推动乡村治理现代化进程。

2.健全村民议事会，搭建民事民议的平台

设立村民议事会是一项具有前瞻性的举措，旨在解决村民会议和村民代表大会召集难、效率低下等问题，从而提高村级治理的民主性、透明度和效率，促进村民自治的全面发展。通过村民议事会，可以更好地发挥村民的主体作用，实现村民参与决策、监督和管理的有效机制。

村民议事会的设立将为村级治理注入新的活力和动力，使决策更加民主化、透明化，增强村民对村务事务的参与和监督意识。这种基于简便有效原则的机制，有助于减少程序烦琐、召集难度大的问题，能够提高治理效率，使村民更加积极地参与到村级事务的管理和决策中来，以推动村庄的整体发展。

3.规范村民监事会，打破监督缺失的瓶颈

设立村民监事会是一项有力的举措，可以有效补齐农村治理中缺乏监督和制约的短板。作为专门的监督组织，村民监事会代表全体村民进行监督，以组织化、制度化的方式保障民主监督真正落到实处。一是明确监督内容。明确监督内容是村民监事会有效履行监督职责的重要前提。将监督范围从单纯的财务监督扩展到对干部履职、村级财务、决策程序、政策落实等方面的全面监督，有助于确保一切小微权力都能受到有效的监督，从而提高村级治理的透明度和公正性。二是明确人员组成。明确人员组成是确保村民监事会有效运行和严格公正监督的重要措施。监事会成员一般为3—5名，其中至少应有1名普通群众代表。其他成员可以是村民代表、村级组织干部等。通过合理的成员构成，确保监事会的代表性和专业性。鼓励由支部纪检委员担任监事会会长，因其具有较强的纪律监督和组织管理能力，能够有效主持监事会的工作。所有成员不得在议事会、村委会等村级组织担任职务，以避免利益冲突和权力滥用的问题。监事会成员不得是村"两委"成员的近亲属，也不得是村会计、村文书等职务人员，以确保监事会成员的独立性和客观性。通过以上明确人员组成的规定，可以有效确保村民监事会的独立性、公正性和有效性，促进村级治理的民主化、透明化和规范化。三是明确职责权限。明确监事会的职责权限是确保村民监事会有效履行监督职责的重要举措。通过明确监事会的职责权限，可以加强对村级工作的监督和制约，确保监事会对重要事项的有效监督，提高村级治理的透明度和公正性。这种明确职责权限的做法有助于确保监事会有足够的权力和资源来开展监督工作，使其能够有效地发挥监督作用。同时，明确的职责权限可以帮助监事会更好地理解其责任范围，避免职责不清或重叠的情况发生，从而提高监事会的工作效率和质量。

通过这些措施，可以有效加强对村级工作的监督和制约，保障村民监事会对重要事项的有效监督，进一步提高村级治理的透明度和公正性，为村民自治提供更加有力的保障。

4.设立村民理事会，划小村民自治的单元

将村庄划分为小管理半径是实现精准有效管理的关键举措。结合中办、国办《关于以村民小组或自然村为基本单元的村民自治试点方案》的要求，武城县创新推行在村民委员会下设立若干村民理事会，是一种符合实际的管理模式。通过在村民委员会下设立村民理事会，可以更加精细化地管理村庄，提高村级治理的精准性和有效性，推动村民自治的深入发展。一是合理确定单元。合理确定单元指的是在村级治理中，根据一定的原则和考虑因素，选择或划分一个具体的范围或单位，作为实施管理、监督、服务等工作的基本单元。二是扩大群众参与。扩大群众参与是指在决策制定、事务管理和公共事务处理等方面，让更多的群众参与其中，发挥其积极性、主动性和创造性，共同参与社会治理和公共事务的过程。在村级治理中，扩大群众参与意味着更广泛地吸纳村民的意见、建议和参与，使村民在村庄事务管理中发挥更大的作用，促进村庄民主自治和村民自治的建设。三是强化协助管理。强化协助管理是指在管理工作中加强辅助性的管理措施和机制，以更好地发挥协助性组织、个体或机构的作用，促进整体管理效能的提升。这种管理方式强调合作、协调和支持，通过充分发挥各方的优势和专长，共同完成管理任务，形成多方合作、协同作战的局面，为村级治理提供更多的资源和支持，推动村庄的良性发展。

5.实行网格化管理，激发共治共享的活力

建立县镇村三级网格化管理服务体系，将村庄作为基本网格，以村域片区为依托设立子网格，实现对村居、耕地、林带、坑塘等各类区域的全面覆盖。支部书记担任网格长，由理事会理事长或"两委"干部兼任网格员，负责对网格区域进行日常巡查和定期走访，及时发现问题并上报镇街网格化管理中心。通过细分区域、责任到人的管理方式，确保村级管理更加精准到位，激发群众参与社会治理的积极性，形成"人人都是网格员"的共治格局，以确保问题的及时发现和解决都在基层得以实现。

6.支部领办合作社，走出抱团发展的路子

针对武城县农村人口外出务工普遍，农业分散经营、留守村民生活困难以及产业发展不足等问题，县委在2017年开始实施推进村党支部领办合作社的举措，以此为抓手发挥基层党组织的政治功能和服务功能，将党的组织推向经济发展的前沿，与农民合作组织紧密结合，形成了发展的合力。一是党支部主导。党支部的主导作用至关重要。农村党支部凭借其丰富的经验和优势地位，应该在推动合作社发展的过程中发挥核心引领作用。具体措施包括通过党支部进行政策宣传和动员工作，以走访入户，召开党员大会、村民代表会以及议事会等形式，全面阐述政策内涵，明确利益关系，消除群众心中的疑虑，确保合作社的建设得到广泛认同和支持。二是村干部参与管理。村"两委"成员应按程序参与合作社的理事会和监事会，充分发挥其在村级治理中的经验和作用。党支部书记担任合作社理事长，直接参与合作社的日常经营管理。在重大事项决策方面，党支部应先行研究，然后将方案提交给合作社成员会议审议，确保党组织在合作社管理中的领导地位得到有效落实。三是村集体持股。村集体可以集中地将资金入股合作社，从而实现与合作社收益的直接挂钩，进一步增加村集体的收入。同时，还应积极动员贫困户加入合作社，以扩大合作社的规模和影响力。四是利益共享。利益共享是合作社发展的重要原则。在分红政策上，合作社应尽量让利于社员，实行"保底收益+二次分红"的方式，即保障社员的基本收益，并在合作社盈利后进行二次分红。这种方式可以激励社员的积极性，增强其参与合作社经营的信心和动力，进而形成紧密的利益联结，推动合作社的稳步发展。

自"一部四会一网一社"机制推行以来，取得了显著的成效。首先，在党的领导方面取得新进展。农村党支部在领导各类组织、主导各项工作、掌控各种资源方面发挥了重要作用，实现了党建、治理、发展和服务的统筹抓手，组织力得到了有效增强。其次，激发了治理活力。通过健全组织、建立平台，并配套议事决策、财务管理、村务监督、小微权力清单、合作社管理等一整套工作运行制度，各项工作有序推进，促进了群众自主议事、自治管理和自我监督，形成了民事民议、民事民办、民事民管的良好局面。最后，增进了民生福祉。通过实践共建、共治、共享理念，村庄实现了和谐稳定、资源得到了整合、产业得到了发展、群众得到了实惠，从而促进了富民强村。

第三节　培育乡村治理的组织

一、培育乡村自组织

基层政府通过政策扶持、资金支持和技术培训等手段积极培育和支持农民合作社、专业协会等乡村自组织，对于提升乡村自组织的服务能力和自组织能力具有重要意义。这些措施可以具体包括：①政策扶持。出台相关政策，为乡村自组织提供法律和政策框架，包括注册、运营、税务等方面的指导和支持，营造有利于乡村自组织发展的政策环境。②资金支持。提供启动资金、项目资金或贷款贴息等形式的资金支持，降低乡村自组织的成立和运营门槛，鼓励其开展多样化的服务项目。③技术培训。组织专业技术培训和管理培训，提升乡村自组织成员的专业技能和管理水平，提高其自主发展和服务社区的能力。④信息服务。提供市场信息、政策信息、技术信息等服务，帮助乡村自组织更好地把握发展机遇，拓展服务范围。⑤平台建设。建立乡村自组织交流合作平台，促进乡村自组织之间的信息交流、资源共享和经验互鉴，形成合作共赢的局面。⑥示范引领。选择部分具有代表性和影响力的乡村自组织作为示范点，通过扶持和推广其成功经验和模式，带动周边乡村自组织的发展。⑦监督管理。建立健全乡村自组织的监督管理机制，确保其运营透明、规范，有效避免乡村自组织中的不正之风，保护农民的合法权益。

通过这些措施的实施，可以有效激发乡村自组织的活力，提升其在乡村治理和服务中的作用，进而推动乡村治理体系和治理能力现代化，助力实施乡村振兴战略。

二、乡村自组织法治建设是乡村振兴与乡村治理的保障

乡村自组织的法治建设对于乡村振兴和乡村治理具有至关重要的作用，它有助于规范乡村自组织的行为，保护农民权益，提升治理效率，促进社会公平与正义。以下是几个推动乡村自组织法治建设的关键措施：①制定和完善相关法律法规。确保有关乡村自组织的法律、法规和政策明确、完备，具有可操作性，涵盖乡村自组织的成立、运营、监督、解散等各个方面，为乡村自组织提供明确的法律框架。②加强法律宣传和教育。通过各种方式，如举办法律知识讲座、发放法律资料、利用媒体宣传等，提升乡村自组织成员和广大农民的法律意识，让他们了解相关法律法规，明白自己的权利和义务。③建立法律顾问制度。为乡村自组织配备法律顾问或法律服务团队，提供法律咨询和服务，帮助乡村自组织在日常运营中遵守法律法规，依法依规处理问题。④规范内部治理结构。引导乡村自组织建立和完善民主决策、民主管理和民主监督等内部治理机制，确保其治理结构和运作方式符合法律法规要求，提高治理透明度和公正性。⑤强化监督和问责。建立健全乡村自组织的监督机制，包括内部监督和外部监督，确保乡村自组织依法运行，对违法违规行为实施有效问责。⑥促进法治文化建设。在乡村自组织和整个社区中培育法治文化，倡导公平正义、守法诚信的价值观，形成尊重法律、遵守法律的良好风尚。⑦提供法律服务和支持。通过法律援助、公益法律服务等形式，为乡村自组织和农民提供必要的法律支持，保障他们的合法权益得到有效维护。

通过这些措施的实施，可以有效推进乡村自组织的法治建设，为乡村振兴和乡村治理提供坚实的法治保障，促进乡村社会的和谐稳定和持续发展。

三、乡村自组织德治建设是乡村振兴与乡村治理的引擎

乡村自组织德治建设对于乡村振兴和乡村治理具有深远的影响。通过培养和弘扬良好的道德风尚，可以提升乡村社会的整体素质，增强社会凝聚力，促进乡村和谐稳定发展。以下是推动乡村自组织德治建设的关键措施：①弘扬传统美德。重视乡村传统文化和道德价值的传承与弘扬，如孝老爱亲、邻里和睦、诚实守信等，通过教育、文化活动等形式将这些传统美德融入乡村日常生活和自组织

活动中。②倡导现代公民美德。结合新时代的要求，倡导和践行社会主义核心价值观，教育乡村居民树立法治观念、公平正义、环保意识等现代公民美德。③建立德治示范点。选取部分乡村自组织作为德治建设示范点，通过这些示范点的成功经验和做法，引导和激励其他乡村自组织和社区跟进和学习。④培育乡村新风尚。鼓励和支持乡村自组织开展具有正面引导作用的活动，如公益慈善、助学帮困、环境保护等，形成积极向上的乡村新风尚。⑤乡村榜样的树立与表彰。通过表彰乡村道德模范、身边好人等，树立正面典型，发挥榜样的示范引领作用，激发乡村居民向善的动力。⑥加强道德教育。在乡村学校、社区活动中加强道德教育，利用传统节日、纪念日等时机，举办道德讲堂、故事分享会等，增强乡村居民的道德意识。⑦完善激励与约束机制。建立健全奖励激励机制和道德约束机制，对于表现突出的个人和组织给予物质和精神上的奖励，对于违反公序良俗的行为进行适当的道德谴责或社会约束。

实施上述措施，不仅能够丰富村民议事协商的形式，还能有效推动乡村自组织的德治建设，进而塑造出一个健康向上的乡村文化氛围。这种氛围为乡村自组织提供了强大的精神动力和道德支撑，对于乡村振兴和治理具有深远的影响。

四、依托自组织参与乡村治理

乡村自组织的发展壮大与乡村治理模式的转型紧密相关，它们在推动乡村振兴和实现乡村治理现代化方面发挥着重要作用。乡村自组织通过增强村民的自我管理能力和参与意识，为乡村治理提供了新的思路和方法。

中国乡村自组织的动力源经历了不同的阶段和类型，反映了中国农村社会经济发展和政策环境变化的历史轨迹。理解这些动力源及其对应的自组织模式，对于把握乡村自组织的发展方向和治理模式具有重要意义。

传统型（无意识型）自组织：这类自组织主要基于血缘、地缘等传统社会关系构建，其动力源主要来自传统习俗和文化的内在要求，成员间的联系基于非正式规则和相互帮助的习惯，如互助会、宗族组织等。

政府倡导型（响应型）自组织：这类自组织的形成和发展受到政府政策和倡导的影响，农民参与这类自组织更多是对政府政策的响应，如合作社、农民专业合作组织等。这些组织在政府的引导和支持下开展活动，服务于政府的农村发展策略。

自利型（自觉型）自组织：随着市场经济的发展和农民意识的觉醒，农民开始基于共同的经济利益和实际需要自发组织起来，希望通过合作提高生产效率、增强市场竞争力。这类自组织体现了农民的工具理性和自主性，如现代合作社、农民专业协会等。

在当前中国农业、农村现代化转型的背景下，自觉型自组织成为乡村自组织发展的重要方向，它符合市场经济和民主治理的趋势，能够更好地促进农民的利益联结和权益保护。

（一）多主体参与成为社区治理创新和治理能力现代化的重要体现

新型农村社区的发展呈现出多样化的特点，处于城乡接合部的一些地区更是具有城市化的特征，而农房改善后形成的新型农村社区也有着独特的发展需求和特点。在基层党组织的领导下，可以通过以下途径带动多主体共同参与治理。

引导专业性社会组织参与：针对处于城乡接合部的新型农村社区，引导来自城市核心区的专业性社会组织参与社区治理，是一个创新社区管理和服务的有效方式，可以促进社区发展。

发挥群团组织作用：在新型农村社区中，可以充分发挥群团组织，如妇联组织、青年联合会、残联组织等的作用，组织开展各类社区活动和服务，增强社区凝聚力和活力，满足不同群体的需求。

利用当地志愿者资源：鼓励当地居民积极参与社区治理和建设，组建志愿者团队，开展环境整治、文化活动、社区服务等工作，提升社区的整体品质和居民的幸福感。

建立社区自治机制：在新型农村社区中建立健全自治机制，鼓励居民自发组织起来，参与社区事务的决策和管理，实现民主治理和社区自治。

推动多方合作共建共治：基层党组织可以发挥组织协调作用，促进政府部门、社会组织、企业和居民等多方合作，共同参与社区治理和发展，形成多方共建共治的局面。

通过以上措施，可以实现新型农村社区治理的多主体参与，促进社区的健康发展和居民的幸福感提升。同时，也有利于推动乡村治理模式的创新和现代化进程。

（二）精细化服务是农村社区高效能治理的重要内容

在国家向基层放权赋能的背景下，基层社会的精细化公共服务供给正契合这一趋势和理念。在以往的新型农村社区治理中，已经非常重视通过政社互动、"三社联动"、政府购买服务、志愿服务等各种方式为社区居民提供助老、助小、助残等多样化、精准化的服务。在今后的发展中，针对新型农村社区发展中人群的多元化、异质性以及呈现出的各类问题，如社区融合、矛盾纠纷、物业管理、人户分离、环境问题等，需要更多地提供个性化、精细化、差异化、便捷化的公共服务。精细化服务的提供需要在治理主体、治理手段、治理工具、治理层次、治理要求上多作思考。

治理主体多元化：除了政府，还需要充分发动社会组织、企业、志愿者等多种力量，形成治理共同体，共同为社区居民提供服务。政府可以通过购买服务等方式，引入社会力量参与公共服务供给。

治理手段多样化：除了传统的行政管理手段，还可以运用社区自治、法治手段、市场化手段等方式，推动精细化公共服务的提供。例如，可以建立社区志愿者服务队伍，加强社区巡逻和安全管理，提供更加个性化的服务。

治理工具智能化：借助信息化技术，建立社区服务信息平台，实现信息共享、互动沟通、在线办事等功能，提高服务的时效性和便捷性，满足居民多样化的需求。

治理层次精细化：根据社区的实际情况和居民的需求，分析研究各类问题的症结所在，针对性地制订解决方案，并在具体实施过程中实现精准化施策、差异化管理。

治理要求个性化：根据不同社区的特点和发展需求，量身定制符合当地实际情况的治理方案，充分考虑居民的文化习惯、生活方式和需求特点，提供个性化的公共服务。

通过以上措施，可以更好地适应新型农村社区发展的需求，提供更加贴近居民生活、更加精准有效的公共服务，推动新型农村社区治理的精细化和现代化发展。

（三）智能化是农村社区高效能治理的趋势

当今社会已经进入信息化时代，人工智能、大数据、网络技术、数字化等被广泛运用并拓展到各个领域，其中也包括社会治理领域。党的十九届四中全会提出的"七位一体"社会治理体系就把"科技支撑"加入进去。党的十九届五中全会通过的《中共中央关于制定国民经济和社会发展第十四个五年规划和二〇三五年远景目标的建议》又提到了"信息化支撑"。实际上，在社区治理中，智能化不但是治理的工具性创新，而且是治理领域高质量发展的趋势和方向。

新型农村社区发展中面临的一些特殊问题，如人员管理、人户分离等，都可以通过构建全域开放共享的基层信息化管理服务平台而变得更易于解决。而线上公共空间，如居民微信群、QQ群、社区公众号、网站的建立，将使身份各异、平时不在一起交流沟通的居民更易于交流、联系，也将增进居民对新社区的关注和了解。智能化手段的注入，将使新型农村社区更好地与居民需求实现无缝对接，提升社区治理效能。智能化将成为新型农村社区治理高质量发展的趋势。

在当前的乡村治理中，加强基层组织体系的制度建设、创新村干部工作方式以及促进多主体参与都是至关重要的。加强基层组织体系的制度建设和创新村干部工作方式对于提升乡村治理能力至关重要。首先，乡村治理的效果依赖于强大且有效的组织基础。自农业税被取消以来，乡村社会的组织结构有所消解，导致村庄的利益诉求往往难以得到有效的表达和响应。因此，加强基层组织体系，特别是乡村党组织的建设，对于增强党在乡村社会中的组织基础、协调各方利益、组织群众开展村民自治等方面具有重要作用。这需要村干部创新工作方法，提升运用法治思维和方式开展工作的能力。其次，创新村民自治的组织形式和加强制度建设也是推进乡村治理的关键措施。应当通过修改相关法律和制度，发挥法律的引导和激励作用，鼓励村庄结合自身实际，创新自治组织形式。例如，鼓励成立老年人协会、专业技术协会、环保协会等，这些自组织不仅能够满足村民多样化的服务需求，还能促进村民参与乡村治理，激发乡村的内生动力。通过这些措施，可以激活乡村的组织体系，提升村民自治和德治建设的质量，从而为乡村振兴奠定坚实的组织和制度基础。最后，要促进多主体参与，实现党委领导、政府负责、社会协同、公众参与的治理模式。党的十九大和十九届四中全会提出了政府、社会组织和公众各自在社会治理中发挥作用的重要性，而党的十九届五中全会更是强调了信息化支撑。因此，需要充分发挥社会组织、市场主体、新社会阶层等在社会治理中的作用，确保其参与社会治理的渠道畅通且规范。

第四节 发挥乡村法治保障作用

一、基层党组织的依法执政

在我国，法治建设不仅是国家治理现代化的基石，更是中国共产党自我革新与引领社会进步的强大引擎。党内法治的强化，不仅深化了党的执政能力建设，也为国家法治、政府法治及社会法治的全面发展注入了强劲动力。乡村振兴战略作为新时代的重要篇章，强调了乡村社会治理的多元共治理念，其中基层党组织作为法治建设的核心引领者，其依法执政的实践，不仅为乡镇政府法治建设指明了方向，构筑了坚实的法治框架，更为乡村社会编织了一张严密的法治网络。基层党组织通过法治的引领与保障，促进了乡村社会治理体系的完善与治理能力的提升，为乡村社会的和谐稳定与持续发展奠定了坚实的法治基础。

（一）加强党组织对村庄治理的依法领导地位

在乡村治理中，参与治理的主体是多元的，包括党组织、政府、群众自治组织以及其他社会团体和个人。这些主体在村庄治理中发挥各自的重要作用，但需要一个统一的组织进行领导和协调。历来，乡（镇）和村党组织在村庄治理中起着领导作用。然而，随着乡村社会转型，治理形势变得越来越复杂。

由此，加强乡村基层党组织的领导力度是新时代乡村治理改革与创新的必然要求。通过建立统一领导的制度，党组织可以引领各方合作，推动乡村治理更加高效有序地进行。在这一过程中，党的领导作用将更加凸显，各级党组织需要发挥自身的政治优势和组织优势，统筹协调各方力量，形成合力，促进乡村治理的现代化提升。同时，党组织还需要加强与其他治理主体的沟通协调，鼓励多方参与，共同推动乡村治理工作的改革与创新，实现乡村振兴战略目标的顺利实施。

（二）创新党组织在村治中的领导机制

在新时代背景下，乡村基层党组织在乡村社会治理中的领导功能需要实现法治化，这意味着需要改变传统的"乡村政治"模式，构建一种适应当前情况的新型领导机制。基层党组织在村庄治理中的领导应该以服务为导向，而非单纯的强制性管理。在新时代，基层党组织应当以更加开放、包容的姿态，引导和协调各方参与村庄治理。党的先进性和为人民服务的本质特性是党的根本宗旨和性质所在，对于影响和引领广大乡村社会组织和民众具有重要作用。首先，党的先进性体现在其理论水平、组织建设、思想政治工作等方面，可以为乡村社会组织提供指导和借鉴。党组织在乡村的先进经验和做法能够影响其他社会组织，帮助它们更好地服务于乡村发展和民生改善。其次，党的为人民服务的本质特性使其始终关注民生问题、关心群众利益，这一精神能够感染和引领广大乡村民众，激发他们的参与热情和创造力。党组织可以通过开展各种形式的宣传教育和社会活动，引导民众积极参与乡村建设，促进乡村治理的民主化和法治化进程。综上所述，党的先进性和为人民服务的本质特性在乡村社会组织和民众中具有重要影响力，有助于推动乡村治理的现代化。

传统上，基层党组织主要依靠行政手段进行服务，但在服务型党组织建设过程中，其重点逐渐转向社会，更加注重社会调动和参与。这种转变使得党组织更多地依靠社会力量，更好地发挥了其组织优势和政治优势，促进了社会的协同发展。

在乡村基层服务型党组织建设中，需要明确其服务职能与政府和村民自治组织的区别。党组织在乡村治理中的作用主要是通过法治和民主制度的引导，促使政府和自治组织更好地为乡村社会提供公共服务产品。党组织可以通过加强对政府和自治组织的监督和指导，推动其依法行政、民主决策，提高公共服务的质量和效率。同时，党组织还可以通过开展群众性自治活动，引导村民积极参与乡村事务的管理和决策，从而促进公共服务的提供和改善。因此，党组织在乡村治理中的服务重点是在法治和民主制度的框架下，引导政府和自治组织更好地为乡村社会提供公共服务，推动乡村治理的现代化。这样的划分有利于形成服务分工合作，避免职能重叠和资源浪费。

乡村基层党组织拥有丰富的资源优势，包括组织、干部、党员、人才等。通过充分发挥这些资源优势，党组织可以领导建构和完善乡村社会公共服务体系，促进资源的优化配置和社会治理的有效实施。

综上所述，乡村基层党组织在乡村法治化治理中的角色和职责需要与政府和村民自治组织进行区分，并通过合理的资源配置和服务分工，发挥其独特的领导作用，促进乡村社会的健康发展和民生改善。

（三）实现党组织在村治中的依法执政和领导功能

党的执政地位对于乡村社会的稳定和发展至关重要。基层党组织作为党在乡村社会的基本组织形式，对于党的执政地位的巩固起着至关重要的作用。因此，确保基层党组织对村庄治理的领导地位具有重要意义。我国宪法规定了乡村社会治理的基本形式是村民自治，这意味着村民应当在村民大会和村委会的组织下，依法行使自治权利，管理和服务本村事务。村委会作为乡村自治的具体实施机构，承担着重要的责任。党组织主要成员进入村委会可以有效地将党的政策和决策落实到乡村治理中。党员干部通过担任村委会成员或主任等职务，能够更好地发挥党组织的领导作用，推动乡村治理工作的深入开展，促进村民自治和法治建设的有效实施。

综上所述，确保党组织主要成员进入村委会，有利于党的领导地位在乡村社会的巩固和党的执政地位的稳固，同时也能够促进村民自治和法治建设的有效实施。

二、乡（镇）政府的依法行政

乡（镇）基层政府在国家治理现代化和乡村振兴战略实施中承担着重要责任，依法行政是其提升治理能力和水平、推动乡村社会法治化建设的关键举措。通过加强依法行政，落实有限责任政府理念，乡（镇）政府能够更好地履行职责，推动乡村社会的发展和进步。

（一）明确乡（镇）政府的法定行政职权

在乡村社会治理中，县级政府和乡镇政府承担着不同的职责。县级政府通常负责制定政策、进行行政审批、提供财政支持等，而乡（镇）政府则负责具体的实施工作、信息收集、现场监督等。随着农村税收改革等政策的实施，县级政府可能会向乡（镇）政府上收一些职权，但在实践中，乡（镇）政府仍然需要参与许多由县级政府下放的工作。

在承担县级政府部署的非制度性乡村社会治理工作时，乡镇政府必须遵循法律法规，依法行政。这包括了解相关法律制度、合法地执行职责、保障公民权益等。依法行政不仅是一种行政原则，也是保障政府行为合法性、规范政府行为的重要手段。

面对县级政府非制度性强加的乡村社会治理工作，乡（镇）政府工作人员需要提升自身的法治素养。这包括对法律法规的了解和掌握，以及具备运用法治思维和方式处理问题的能力。只有具备了良好的法治素养，乡（镇）政府才能更好地履行职责，保障乡村社会的稳定和发展。

乡（镇）政府工作人员在提升法治素养的过程中面临着一定的挑战。由于县级政府强加给乡（镇）政府的工作任务较多，涉及面广，乡（镇）政府工作人员需要具备更高水平的法律素养和管理能力，以应对复杂的工作环境和任务要求。

综上所述，乡（镇）政府在承担县级政府强加的非制度性乡村社会治理工作时，必须依法行政，提升法治素养，以保障公民权益和促进乡村社会的稳定和发展。面对挑战，乡（镇）政府需要加强对法律法规的学习和理解，培养具备法治思维的工作团队，从而更好地应对工作的需要。

（二）加强对乡（镇）政府依法行政的监督

对于乡（镇）政府的行政行为，需要建立起多元化的监督机制，包括监察、审计、司法、舆论等多种形式，以确保政府行政行为的合法性、公正性和透明度。

1.乡（镇）政府抽象行政行为的合法性监督

乡（镇）政府在乡村社会治理中经常需要依据国家法律法规和上级党政机关的文件，结合本地实际情况，制定各类规范性文件。这些文件的制定和执行对于贯彻国家法律、法规，以及党和政府关于乡村社会治理政策的实施至关重要。尽管制定规范性文件是乡（镇）政府的法定职责，但必须确保这些文件与国家法律规定相一致，遵循法律法规的原则，依法行政，不得违反国家法律法规的规定。同时，这些文件的制定也需要充分考虑本地实际情况和乡村社会的特点，合理制定政策措施，促进乡村社会治理的现代化。

对乡（镇）政府的抽象行政行为进行合法性监督是非常重要的。这种监督应由同级人大、司法部门以及上级机构等主体承担，其中县级政府在这一过程中扮演着关键角色。县级政府需要加强对乡（镇）政府制定的规范性文件的备案和审查管理工作，确保文件符合法律法规，并及时向相关部门备案。所有提交的文件都应接受严格审查，审查结果必须得出结论。若发现违法或不当之处，县政府应纠正、撤销或修改文件。同时，乡（镇）人大作为地方国家权力机关，也有责任对政府制定的规范性文件进行审查监督，及时纠正任何违法行为，确保政府行政行为的合法性和规范性。

2.乡（镇）政府具体行政行为的合法性监督

针对乡（镇）政府依法行使具体行政行为，必须进行有效监督。这项监督工作涉及多个主体。县级政府作为乡（镇）政府的直接上级，负有监督责任，其应加强对乡（镇）政府行政行为的监督，确保其合法性和适当性。这包括审查行政决策、行政命令的合法性，确保其符合国家法律法规的规定。同时，县级政府还应加强对乡（镇）政府行政行为结果的监督，以确保其公正、透明和有效。乡（镇）人大作为地方权力机关，也有责任对政府行政行为进行监督。通过开展议案审议、听取工作报告等方式，加强对政府行政行为的监督和指导，保障政府行为的合法性和效果。

社会公众的监督是确保乡（镇）政府依法行政的重要途径之一。政务公开是实现依法行政监督机制的基础，对于确保政府行政行为的合法性和规范性至关重要。根据国务院的规定，乡（镇）政府应当公开与民众切身利益相关的信息，但具体内容需要根据地方情况进行安排。各乡（镇）政府应结合实际情况，制定更具体、明确、可操作的政务公开范围和内容，确保公开信息与民众切实利益相关。同时，应加强对政务公开的监督，确保公开信息的及时、主动、真实和全面。现代互联网技术的普及使得民众参与政府监督更加便利。许多地方的乡村都建立了民众监督政府的网络平台，政务公开成为其中的重要内容。民众可以通过平台直接反映乡（镇）政府未能主动、及时或真实公开的问题。这种监督机制对于乡（镇）政府政务公开和依法行政具有重要促进作用，也对其绩效考核产生影响。

三、村民自治组织的依法自治

目前，村民自治的实践在很大程度上局限于民主选举阶段，即自治组织的依法产生阶段，而在选举之后的自治活动中，民众的参与度相对较低。这种情况导致了一种普遍观念，即村民自治等同于选举，而其他民主制度运行环节却缺乏实质性内容，流于形式。要使村民自治在法治轨道上有效运行，确实需要村民真正参与法律规定的所有自治环节，并切实行使所有权利。首先，需要明确村委会作为村民自治组织应承担的法定职责，包括对村庄基本事务的决策、管理和监督等。这需要清晰区分村民自治组织自身的法定职责和协助乡（镇）政府的活动，因为这两类工作具有完全不同的法律性质。其次，在村委会法定职责范围内，应当充分实施村庄治理行为，按照相关法律制度的规定，让村民真正参与民主决策、管理和监督活动。这需要从制度上、法治上加以保障和落实，包括健全村民自治的制度机制，完善相关法律法规，加强对村委会的法制建设和能力建设，提高村民自治组织的法治意识和法治能力。同时，也需要加强对村民的法律宣传和教育，增强他们的法律意识和参与自治的积极性。这样才能真正实现村民自治在法治轨道上的有效运行，发挥其在乡村社会治理中的重要作用。

中国特色社会主义法治体系旨在保障公民依法行使法定权利，而农民作为中国总人口中最大的群体，对其合法权益的保护尤为重要。农民不仅提供粮食和农产品，还是其他行业的主要劳动力，因此保护他们的权益是公民权利保护的重要组成部分。

村民自治制度赋予了农民对村庄事务的依法治理权，这是我国法律赋予农民享有基本权利的重要方面。经过多年的实践，我国的村民自治制度已经逐渐从最初的组织建设转向了保障自治权利。然而，影响村民自治权利实现的主要因素之一是村庄治理体制本身的不完善。因此，确保村民对村庄事务的治理权利需要从治理机制的内部和外部同时加以健全。内部方面，需要加强村级组织建设，完善村民自治的组织形式和程序，提升村民参与自治的意识和能力，促进自治决策的民主化和科学化。外部方面，则需要加强政府的支持和保障，完善相关法律法规和政策措施，提供必要的资源和服务，为村民自治提供良好的法治环境和制度保障。只有通过内外结合，才能真正保障村民对村庄事务的自治权利，推动村民自治制度的健康发展，进一步提升农民的合法权益保护水平，加快乡村社会治理的现代化进程。

（一）完善村民对村庄事务治理权利的内部保障机制

1.扩大村民对村庄事务治理的参与度

要健全和完善村民代表会议机制，实现村民对村庄民主政治管理的参与，可以采取以下措施。

明确村民代表会议的地位和职责：在法律法规或规章制度中明确村民代表会议的地位和职责，规定其作为村民会议授权的议事决策机构，负责决定村庄的重大事务、监督村委会的工作等。

规范选举程序：制定选举办法，规范村民代表会议的选举程序，包括确定选举人资格、候选人提名、投票程序等，确保选举的公平、公正和透明。

加强代表队伍建设：健全村民代表的选拔机制，注重代表队伍的多样性和代表性，选举产生具备较高政治素质和服务意识的村民代表。

建立议事程序和决策机制：制定村民代表会议的议事规则和决策机制，确保议事程序合法、民主和高效，使村民代表能够充分表达意见、参与决策。

加强监督机制：设立监督机构或专门部门，负责监督村民代表会议的工作，接受村民的投诉举报，及时处理和回应村民的意见和建议。

加强宣传教育：定期组织宣传活动，向村民介绍村民代表会议的重要性和作用，提高村民的参与意识和能力，鼓励他们积极参与村庄事务的决策和管理。

加强培训和督导：加强对村民代表的培训和教育，提高其政治素质和服务水平，加强督导和指导，确保村民代表会议工作的顺利进行。

通过以上措施的实施，可以健全和完善村民代表会议机制，促进村民对村庄民主政治管理的广泛参与，推动村庄治理的民主化、透明化和规范化。

2.健全村务公开制度

加强和完善村务公开制度的具体措施包括以下措施。

明确公开内容和范围：确定需要公开的村务信息范围，包括与村民利益密切相关的低保户认定情况、村集体经济收益分配情况、国家项目资金使用情况、土地征收补偿安置情况、宅基地利用情况等。

规范公开程序和方式：制定公开程序和标准，明确公开的时间、地点、方式和内容。建立定期公开、不定期公开和应急公开等多种公开方式，确保信息的及时更新和真实可靠。

建立公开平台：建立村务公开的统一平台，如村务公告栏、村务网站、手机App等，便于村民随时获取村务信息。

推广网络技术：充分利用现代网络技术，特别是互联网和移动通信技术，对需要公开的村务信息进行及时、真实的发布，提高公开信息的传播效率和覆盖范围。

加强宣传教育：加强对村务公开制度的宣传教育，提高村民对公开信息的认识和重视程度，引导村民积极参与公开监督。

建立监督机制：设立监督员或监督委员会，接受村民的监督举报，确保公开信息的真实性和准确性。

加强法律保障：制定相关法律法规，明确村务公开的法律依据和责任主体，对违反公开规定的行为进行惩处，确保公开制度的落实。

加强督查考核：县乡两级主管部门应对村庄信息公开的执行情况进行严格检查和考核，对执行不到位的地方进行通报批评和整改督导，确保村务公开的标准化和规范化。

通过以上措施的落实，可以加强和完善村务公开制度，保障村民的知情权和监督权，促进村庄治理的民主化和透明化。

3.完善村务议事协商机制

协商民主方式的运作能够在村庄社会治理中发挥重要作用，体现平等、包容和公开的原则，激发农民的参与热情，确保他们有效行使村务治理权利。以下是推动协商民主在村庄治理中有效运作的建议。

鼓励多元参与：鼓励村庄内各类组织和新乡贤通过协商的方式参与村庄治理，发挥其在信息、资源等方面的优势，增强治理的多元性和专业性。

建立协商机制：建立健全村民议事协商机制，包括村民代表大会、村民理事会等，通过定期会议、座谈等形式，让村民参与决策、监督和评议，确保其权益得到充分体现。

促进沟通和协调：确保村庄内不同阶层、不同利益群体通过协商民主的方式表达自己的利益诉求，并通过充分沟通和协商达成各方的利益协调，减少冲突和矛盾。

加强信息公开：建立村务公开制度，及时公开与村庄事务相关的信息，提高村民对村庄事务的了解和参与度，增强治理的透明度和公正性。

培育协商文化：培育和弘扬协商文化，倡导以民主、平等、民生为本的价值观念，使协商成为村庄治理的习惯和共识。

建立监督机制：建立健全的监督机制，对协商民主的实践进行监督和评估，确保其运作符合法治原则，保障各方利益的合理性和公平性。

通过以上措施的落实，可以有效推动协商民主在村庄治理中的运用，促进村庄治理的民主化、法治化和依法治理水平的提升。

4.大力强化村务权力监督

确保村庄内部事务的透明和公开对于村民自治和民主治理至关重要，以下是一些可行的具体举措和建议。

监督村"两委"工作：定期组织村民大会或村民代表会议，对村"两委"的工作进行审议和评议，让村民了解村庄事务的运作情况，提出意见和建议。这种机制可以增加村民对村委会工作的监督和参与度。

村务公开制度：建立健全村务公开制度，通过公告栏、村务公开网站等形式，公开村庄内部重要事务的运行情况，如财务状况、资金使用情况等。这样可以增加村民对村庄事务的了解，提高监督效果。

专项事务公开：对于落地村庄项目等重要事项，村"两委"应主动公开相关信息，包括项目发包、款项使用情况等。上级部门可以制定专门的运行规则，要求村委会依法依规公开相关信息，确保村民能够有效监督专项事务。

加强村党组织监督：除了监督村委会外，村党组织也应接受村民的监督。可以通过召开党员大会、党员代表大会等形式，让党员了解党组织的工作情况，提出意见和建议。

加强法律法规宣传：定期组织法律法规宣传活动，让村民了解自己的权利和义务，增强监督意识和能力。可以邀请相关部门或法律专家到村里进行宣讲，解答村民的疑问。

通过以上措施的落实，可以增强村民对村委会和村党组织的监督，促进村庄事务的透明、公开和民主化，推动乡村治理的现代化和规范化。

（二）健全村民村务治理权利的外部保障机制

第一，国家立法机关的支持。通过国家立法机关的支持和法律的明确规定，可以有效保障村民自治权利得到保障，推动村庄事务的民主化、法治化和规范化。此外，立法机关还可以设立相关制度，允许村民就侵犯自治权利的行为进行举报和申诉。

第二，司法机构的监督。司法机构应当在法律的框架下对侵犯村民自治权利的行为进行司法监督和裁决。村民可以通过诉讼程序维护自己的合法权益，保护村民自治权利的实现。

第三，政府监督与指导。地方政府应当加强对村民自治的监督与指导，确保村民自治活动在法律框架内进行，不受干扰和阻挠。政府部门应当建立相应的投诉和举报机制，及时处理村民的诉求和问题。

第四，组织和社会监督。社会组织、媒体等非政府机构应当积极参与村民自治活动的监督和评估，提供舆论监督和社会监督的力量，这有助于增强村民自治活动的透明度和公正性。

第五，教育与宣传。加强对村民自治法律法规的宣传教育工作，提高村民的法律意识和自治意识，使他们能够更好地行使自己的权利，维护自己的利益。

通过以上多方面的外部保障机制的建立和健全，可以有效保障村民的村务治理权利，促进村庄自治的健康发展。

第五节 发挥乡村德治引领作用

一、对乡村治理中"德治"的理解

乡村治理与管理有着根本的区别,治理强调的是各组织体系的共同参与、村民自我管理和民主议事。在实践中,这意味着要尊重乡土文化、民间传统,同时遵循国家法治原则。这种治理模式既具有中国特色,又融合了现代化治理的精髓。考虑到中国乡村的历史和现实情况,建立健全的乡村治理体系应当是自治、法治、德治相结合的。

增强村民自治组织的能力是实现有效自治的核心。加强村民自治组织的建设,包括完善组织结构、明确职责分工、培养专业化人才等,以提升组织的运行效率和管理水平。推动村民自治组织领导班子的民主选举,确保领导人员具有合法性和代表性,能够真正代表村民利益,进而提升组织的凝聚力和执行力,建立健全自治组织运行制度,明确各项规章制度,规范组织行为。同时,加强法治意识培养,使村民自治组织能够依法履职,规范管理。加强村务公开,让村民了解村务情况,参与村务决策。建立村民代表会议制度,保障村民的知情权、参与权和表达权,推动民主决策。主动整合社会资源,积极与政府部门、企业、社会组织等开展合作,共同推动村民自治事业发展,实现资源优势互补、合作共赢。

法治的实践需要着力推进法治乡村建设,强调平安乡村建设以及采用现代社会治理理念、方法和手段,健全乡村矛盾纠纷调解机制。这包括深入推进扫黑除恶专项斗争,建立健全长效机制,加强农村公共安全体系建设,推进农村社会治安防控体系建设。同时,也需要加大对基层小微权力腐败的惩治力度,严肃查处侵害农民利益的腐败行为。通过加强农村法律服务供给,促进现代法治观念和法治行动在乡村治理中的法律规范作用。

德治的实践需要在教育引导、实践养成和制度保障三个方面同时进行,以构建健康、和谐、文明的社会风尚和价值观念。以下是每个方面的具体内容:

一是教育引导。加强德育教育,通过学校、家庭、社会等渠道,引导村民树立正确的道德观念和行为准则,弘扬社会主义核心价值观,培养村民的道德意识、法治观念和社会责任感。

二是实践养成。通过实践活动和行为示范,促进良好道德习惯的养成。例如,组织志愿服务、文明礼仪培训、公益活动等,让人们在实践中感受到德治的价值和意义,逐步形成积极向上的行为模式。

三是制度保障。建立健全的法律法规和制度机制,保障社会秩序和公共利益。包括加强法治宣传教育,严格执法监督,加强社会监督,以及建立健全的奖惩机制,激励遵守道德规范,严厉制裁违法行为。

通过教育引导、实践养成和制度保障三个方面的有机结合，可以有效推动德治的实践，促进社会和谐稳定、文明进步。

在乡村治理中，"德治"概念更多地依赖于村民约定俗成的村规民约以及由村民自身的道德素养所形成的行为准则，这种无形的约束力量能够提供更为灵活的治理方式，弥补法治无法覆盖的地方。

二、自治、法治、德治三者的关系

自治、法治、德治三者之间存在着密切的关系，彼此相互作用，共同构建了一个完善的乡村社会治理体系。

自治是指社区或群体在法律框架内依法自主管理自身事务的能力和行为。在乡村治理中，自治是基础，体现了村民对自己事务的管理权和决策权。自治的实现需要法治的支撑，即在法律规范下进行自治活动，保证自治行为的合法性和规范性。法治是对社会行为进行规范和约束的法律制度体系，是治理的基本原则和保障。法治为自治提供了明确的法律依据和规范，保障了自治活动的合法性和公正性。同时，法治也需要依赖德治的支持，即公民的道德修养和自觉遵守法律的意识。德治是指社会成员自觉遵守道德规范和价值观念，自觉维护社会公共利益和秩序的行为。德治是法治的基础，它能够填补法律无法覆盖的空白，提供社会治理的内在动力。

因此，自治、法治、德治三者相互依存、相辅相成。自治是治理的基础，法治是治理的保障，德治是治理的灵魂。只有三者形成合力，才能够构建一个稳定、和谐、有序的乡村治理体系。

建立健全党组织领导的乡村治理体系，实现自治、法治、德治相结合，是推动乡村现代化、提升治理水平的重要举措。这一体系的建立需要以下几个方面的工作。

强化党组织领导：党组织应在乡村治理中发挥领导作用，统筹协调各方资源，指导乡村发展方向，推动乡村治理现代化。乡镇基层党组织要加强对村级党支部和村委会的领导，确保党的政策落实到位。

促进自治发展：鼓励和支持村民自治组织的建设和发展，提升村级民主自治的能力和水平。通过村民代表大会、村民议事会等形式，让村民参与决策、管理和监督村庄事务，增强自治的活力和效能。

加强法治建设：建立健全法律法规体系，明确乡村治理的法律基础和程序规定。加强法律宣传教育，提升村民的法治意识和法律素养，推动乡村治理向法治化方向发展。

弘扬德治精神：加强社会主义核心价值观的宣传教育，培育和践行社会公德、职业道德、家庭美德等良好道德风尚。倡导诚信守法、团结和谐、勤劳奉献的精神，推动乡村治理体系不断完善，以德治彰显社会正气。

通过以上措施的有序推进，可以逐步建立起党组织领导的乡村治理体系，实现自治、法治、德治的有机结合，推动乡村社会治理现代化，提升农民群众的获得感、幸福感和安全感，促进乡村治理体系和治理能力的现代化发展。

三、加强村民的思想道德建设

孔子曾说："君子进德修业，忠信，所以进德也。""是故居上位而不骄，在下位而不忧。"这两句话表达了君子通过修身养德来发展事业的理念。忠诚于他人，真诚对待事物，就能提升道德修养。修身涵养文化教养，内心诚实，是立业的基础。无论是国家还是地方政府的治理，都不可忽视德治的作用。道德作为人们心中的一种规范和约束，比任何法律都更具影响力、更广泛适用。

借鉴古今中外的治理实践，发挥德治建设的作用，是提升乡村村民素质和预防社会矛盾的重要途径。要实现这一目标，需要进行顶层设计，建立起以文养德、以评弘德和家风建设等为主要内容的德治建设体系。

（一）坚持以文养德

继承和弘扬中华优秀传统文化和传统道德是重要的文明传承使命。通过广泛开展社会主义核心价值观宣传教育，我们可以以润物无声的方式，引导城乡社区成员共同弘扬中华优秀传统文化，将社会主义核心价值观融入日常生活中。在这个过程中，我们可以倡导社会成员积极参与社区志愿服务，通过德治的实践和行动，不仅讲道德、尊重道德、守护道德，更要践行高尚的道德理想，展现社区的美好风貌。

具体来说，我们可以通过以下途径实现这一目标：第一，开展文化活动和传统节庆活动，如传统文化展览、文艺演出、民俗活动等，让社区成员亲身感受中华传统文化的魅力和价值，增强对传统道德的认同和传承。第二，创设社区志愿服务平台，鼓励社区成员积极参与志愿服务活动，如文化传承、环境保护、邻里帮扶等，通过实际行动践行社会主义核心价值观和传统道德理念。第三，强化教育引导，加强对社区成员的道德教育和价值观引导，培养他们的社会责任感和公民意识，使之成为社区发展的积极参与者和建设者。第四，建立健全奖惩机制，对积极参与志愿服务、践行社会主义核心价值观的社区成员进行表彰和奖励，激励更多人投身到德治实践中来。

通过以上措施的实施，可以有效促进社会成员的思想道德建设，形成良好的社区文化氛围，推动社会主义核心价值观在社区的深入贯彻和落实，实现社区的和谐发展和共同繁荣。

（二）坚持以评弘德

"以评弘德"是指通过评议来弘扬道德。在实施公民道德工程中，"以评弘德"的理念可以体现在以下几个方面。

评议激励：鼓励公民参与道德评议，通过表彰先进、崇德向善的典型个人和家庭，树立正确的道德榜样，激励更多人向他们学习。

评议监督：通过评议监督机制，公众可以监督各个领域的行为，对涉嫌违反道德规范的行为进行曝光和批评，促使相关人员反思并改正错误。

评议引导：将道德评议作为引导舆论的重要手段，通过舆论导向的引导，倡导积极向上、阳光健康的价值观念，引导公众形成正确的道德认知和行为导向。

评议反思：通过评议，让个人和社会对道德问题进行反思和深入探讨，促使每个人都能够意识到道德行为对个人、家庭和社会的重要性，从而更加自觉地践行道德。

在坚持"以评弘德"的理念下，社会可以通过评议来实现道德观念的传播、行为的规范和价值观念的塑造，推动社会道德水平的不断提升，实现社会和谐与进步。

（三）深化家风建设

家风建设在中国乡村德治中具有重要地位和作用。家风是指家庭内代代传承的价值观念、道德规范和行为准则，是塑造每个家庭成员的思想品德和行为习惯的重要因素。在当前中国社会，开展乡村德治必须重视和坚持家风建设，其重要性体现在以下几个方面。

好家风支持社会好风尚。家庭是社会的基本组成单位，家风的好坏直接影响整个社会的道德风气。通过加强家庭内部的道德教育和规范，可以培养出更多遵纪守法、诚实守信、友爱互助的公民，为乡村德治提供坚实的基础。

家风是道德教育的首要环节。家庭是儿童和青少年最早接受教育的地方，良好的家风能够帮助他们树立正确的人生观、价值观和行为准则，帮助他们在成长过程中树立正确的道德观念和行为习惯。

家庭是道德传承的重要场所。良好的家风能够代代相传，形成家族、家庭的良好道德传统。通过家风的传承，可以延续社会正能量，促进乡村内部的凝聚力和稳定性。

家风对社会稳定具有重要影响。良好的家风有助于培养公民的社会责任感和公德心，减少违法犯罪行为的发生，维护社会的稳定与安宁。

因此，政府、社会组织和家庭成员都应积极参与其中，共同努力营造良好的家庭氛围，为构建和谐乡村、和谐社会作出积极贡献。

（四）强化农村思想道德教育，凝聚乡村振兴正能量

加强思想道德建设，教育是根本。要提升农民的道德素养，必须以教育为基石。这需要针对不同群体、不同年龄的农民，采取多样化形式和手段，广泛开展道德宣传，深入开展道德教育，使人们在日常生活中受到道德观念的熏陶，不断提升道德水平。

惠民工程的实施。在乡村地区建立农家书屋、新时代文明实践站、远程教育中心、红色讲坛等活动场所，不仅可以为村民提供丰富的精神文化生活，还可以成为传播中华优秀传统文化和现代社会主义理念的平台。这些场所不仅仅是文化设施，更是凝聚乡村共识、传承文明传统的重要载体。

爱国主义、集体主义和社会主义教育的开展。通过开展相关主题的教育活动，可以增强村民的国家意识和集体观念，弘扬社会主义核心价值观。这种教育不仅要传授知识，更要引导村民深入理解和认同社会主义制度的优越性，进而自觉遵守法律法规，积极履行社会责任。

培养良好的道德观念和行为习惯。通过文化惠民工程和教育活动，引导村民讲道德、守道德，弘扬互助、诚信、感恩等传统美德，倡导助人为乐、见义勇为的精神，让这些美德内化为每个村民的自觉行为。

加强社区治理和法治观念。建立村级组织和社区自治机制，加强社区治理，培育法治观念。通过开展法律法规宣传教育、组织公民参与社区事务管理等方式，让村民充分认识到法治的重要性，自觉遵守法律法规，共同维护社区秩序和稳定。

综合来看，结合中华优秀传统文化资源，通过开展文化惠民工程和深入开展教育活动，可以在乡村地区实现良好的德治效果。这将有助于构建和谐的人际关系、促进社会秩序稳定、推动乡村社会的全面发展。

（五）强化农村乡土文化弘扬，增强文明乡风号召力

挖掘和传承本土文化。基层党组织可以通过调查研究，了解本地区的历史文化、民俗传统等，积极挖掘和传承本土文化，将其纳入乡村振兴规划中。通过举办传统文化节庆活动、文化展览等形式，让村民亲身感受传统文化的魅力，增强对本土文化的认同感。

建设乡村文化基础设施。基层党组织可以协调资源，加大对乡村文化基础设施建设的投入力度，包括图书馆、文化广场、文化礼堂等，为村民提供学习、娱乐和交流的场所，丰富村民的精神文化生活。

加强文化道德建设。通过开展文明礼仪宣传教育活动、道德讲堂等形式，引导村民培养良好的品德和行为习惯，倡导孝老爱亲、重义守信、勤俭持家等传统美德，营造和谐文明的乡村社会环境。

加强本土文化保护意识。加强对本土文化保护的宣传教育，引导村民增强对本土文化的自豪感和保护意识，积极参与本土文化的传承和保护工作，防止本土文化因受到外来文化冲击而失传。

文化与经济社会发展相结合。将文化振兴与乡村经济社会发展相结合，发挥本土文化在乡村旅游、特色产业等方面的作用，促进文化产业的发展，推动乡村经济社会全面发展。

综上所述，基层党组织应充分发挥领导和组织作用，着力推动乡村文化振兴，促进乡村振兴战略的全面实施，实现经济发展和文化繁荣的双赢局面。

（六）完善村规民约治理机制，形成共监督、齐遵守的良好局面

村规民约是推进乡村自治和精神文明建设的重要手段，也是促进乡村振兴战略实施的重要举措。

民主参与和共建共享：制定村规民约应该注重民主参与和共建共享的原则，村民应该是制定过程中的主体和参与者。通过广泛听取村民的意见建议，让村规民约真正反映村民的需求和愿望，增强村民的参与感和归属感。

法治和德治相结合：村规民约既要体现法治的精神，有自治的内容，也要有德治的内涵。除了设立一些法律不涉及但具有道德约束力的规范外，还应加强对法律法规的宣传教育，让村民了解法律的相关规定，自觉遵守法律法规，形成法治意识。

村党组织的引导和推动：村党组织应该发挥好领导作用，引导和推动村规民约的制定和执行。通过组织各种形式的宣传教育活动，让村民认识到村规民约的重要性，积极参与其中，并监督执行情况，确保村规民约的贯彻执行。

党员的示范作用：党员作为先进分子和模范带头人，应该在制定村规民约的过程中发挥示范带头作用，率先遵守执行，引导和带动其他村民共同参与，形成良好的乡村治理氛围。

持续监督和评估：制定村规民约并不是一劳永逸的工作，它需要进行持续的监督和评估。党组织、村委会等应该建立起相应的监督机制，定期对村规民约的执行情况进行评估，及时发现问题并加以解决。

通过以上措施的落实，村规民约将更好地发挥其在乡村振兴战略实施中的作用，为建设美丽乡村、推动经济社会的全面发展提供坚实的制度保障和文化支撑。

（七）完善农村乡贤文化体系，形成促和谐、保稳定的良好局面

乡贤文化在乡村治理中起着非常重要的作用，乡贤作为品德优良、了解群众、受人尊敬的代表人物，对于推动乡村振兴、维护社会稳定具有重要意义。

弘扬乡贤文化。乡贤文化是乡村的宝贵财富，应该通过各种途径和形式加以弘扬。可以组织乡村文化活动，宣传乡贤的先进事迹和优秀品德，激发广大村民学习他们的精神。

发挥乡贤在治理中的作用。乡贤是群众的代表，了解群众的诉求和需求，因此在乡村治理中发挥着重要作用。乡（镇）政府和村"两委"可以充分利用乡贤的智慧和经验，征求他们的意见和建议，共同推动乡村治理工作向更好的方向发展。

搭建平台促进参与。搭建"党建+好商量"议事平台是一个很好的做法，可

以促进乡贤的参与和协商。在这个平台上，乡（镇）政府和村"两委"可以与乡贤充分沟通，共同商讨解决乡村发展中的问题和困难，推动乡村治理工作的顺利进行。

促进乡村治理稳步有序推进。乡贤作为干群之间的连心桥，可以促进干群之间的沟通和合作，促进乡村治理的稳步有序推进。他们具有一定的影响力和威望，可以在乡村发展中发挥更大的作用，推动乡村经济社会的全面发展。

综上所述，充分发挥乡贤在乡村治理中的作用，搭建平台促进参与，可以有效推动乡村治理工作的开展，为实现乡村振兴目标提供坚实的基础和支持。

（八）完善道德激励约束机制，形成学榜样、争先进的良好局面

完善道德激励约束机制，以形成学榜样、争先进的良好局面，是促进社会道德建设和文明进步的重要举措。以下是一些具体的建议。

建立多层次的表彰制度：设立各级各类的道德模范和先进典型表彰奖励制度，包括国家级、省级、市级、县级、乡镇级等不同层次的表彰。通过多层次的表彰，可以激励更多人积极参与道德建设，形成学习榜样、争做先进的浓厚氛围。

加强媒体宣传和报道：加大对道德模范和先进典型的宣传报道力度，让更多人了解他们的先进事迹和崇高品质。通过媒体的宣传，将道德榜样的正能量传递给社会各界，激发更多人的学习热情和责任感。

建立终身荣誉制度：对于表现突出、为社会作出重大贡献的道德榜样，可以给予终身荣誉称号或者特殊待遇，以示尊重和鼓励。这种制度可以激发更多人的积极性，让道德榜样在社会上享有更高的声誉和地位。

设立道德奖学金和助学金：设立专门的道德奖学金和助学金，奖励那些在学业上优秀、品德高尚的学生。通过这种方式，可以促进青少年树立正确的价值观念，培养积极向上的人生态度。

强化道德教育和培训：加强对公民的道德教育和培训工作，增强人们的道德意识和道德修养。通过开展各种形式的道德教育活动，引导人们树立正确的人生观、价值观和行为准则，进而形成学习榜样、争做先进的良好局面。

通过以上措施的有效实施，可以进一步强化社会的道德激励约束机制，形成学榜样、争先进的良好局面，推动社会文明进步，促进全社会共同发展。

第六节　发挥乡村智治支撑作用

一、智治促自治的逻辑起点

乡村自治是我国基层民主管理的重要组成部分，也是民主政治建设的新的生

长点。数字化、信息化、智慧化的应用在推进乡村自治方面有着重要作用，可以提升村级事务管理的效率和水平，推动乡村治理现代化进程。

（一）乡村自治与乡村振兴的价值耦合

乡村自治是基于群众自发的、常态化的治理模式。它不仅有助于维护乡村内部的秩序，而且可以提升村民的参与度和满意度。通过村民自主参与决策和管理，乡村自治可以更好地满足村民的需求，增强村民对自己社区的归属感和责任感。同时，乡村自治也是推动乡村治理现代化和民主化的重要途径。通过实行自治，村民可以更好地发挥自身的智慧和创造力，推动乡村治理向更加民主、透明和高效的方向发展。

1.乡村自治是乡村振兴的应有之义

乡村自治是村民自主探索和国家支持相结合的产物，是经过长期发展和实践的独具中国特色、符合中国实际的民主形式。乡村自治的本质在于构建村民自我管理、自我教育、自我服务的体制机制，通过激发村民主体意识和提高村民素养，来提升乡村治理能力水平。

乡村振兴战略的实施需要农民作为主力军，而乡村自治的有效实施可以调动村民的积极性、主动性和创造性，推动乡村振兴战略的全面推进。只有当农民具备较高的政治素养，并且自觉地参与到乡村自治中，才能够更好地实现乡村治理的现代化，推动乡村振兴战略的顺利实施。因此，乡村自治在乡村振兴中扮演着非常重要的角色，它不仅是一种民主治理模式，更是一种激励和动员农民参与乡村发展的重要途径。通过乡村自治，村民可以更好地发挥自身的主体作用，共同推动乡村的繁荣与发展。

2.乡村自治是乡村振兴的动力源泉

乡村自治通过村民自治组织的带领，促进了村级集体经济的发展，并且能够合理分配村内资源，满足村民的利益诉求。这样一来，与村民利益相关的问题能够及时得到解决，有助于推动农村产业振兴。在乡村自治的指导下，全村群众共同致力于村级集体经济的发展，这对于实现农村产业振兴至关重要。同时，乡村现代化发展也需要注重精神文明建设的提升。乡风文明建设作为农村精神文明建设的核心，村委会、村民代表大会、村民议事会等自治组织在其中发挥了重要的带头作用。

建立知识讲堂、开展知识竞赛活动等形式，既能够提高村民的文化素养，又能够营造浓厚的学习氛围，这对于乡村精神文明建设具有积极的促进作用。通过这些活动，村民能够更加自觉地学习先进文化，提升自身素质，推动村庄的文明进步。

因此，乡村自治不仅有利于促进村级经济发展，也对农村精神文明建设起到了积极的推动作用，是乡村振兴的重要动力和源泉。

（二）乡村自治的政策要求

乡村自治经过多年发展已经取得了一定的成效，其范围不断扩大，活动也不断规范化。乡村自治的伟大实践激发了村民参与自治的热情，培养了村民的政治参与意识，提高了村民的民主素养，维护了农村基层民主的良好运行。

国家在政策和法律法规层面对乡村自治的发展给予了大力支持和持续引导，这使得乡村自治成为我国社会主义民主在农村最广泛的实践形式之一。在国家的法律制度下，广大农民群众可以直接行使民主权利，进行自我管理、自我教育和自我服务。

现代数字技术的蓬勃发展，包括大数据、云计算、人工智能和5G技术等，正推动着政府服务转型和社会治理变革。这些技术的应用为乡村自治提供了新的机遇和可能性，加快了乡村全面振兴的进程。

我国为推动数字乡村建设发展已经出台了多项政策，将数字乡村作为乡村振兴的战略方向，并将其纳入建设数字中国的重要内容之一。数字乡村的建设关键在于现代信息技术的融入，包括数据、信息和互联网等，其融入程度和效果直接影响着现代乡村治理水平的提升。

二、智治之于乡村自治的必要性

"智治"将现代信息技术如区块链、大数据、云计算等引入公共治理活动中，以实现治理行为和治理过程的智慧化、智能化、信息化，是推动乡村治理模式由传统向智慧转变的重要举措。通过将现代信息技术与乡村自治深度融合，可以赋能乡村自治，提升其提质增效的能力。这种做法不仅是实现数字乡村建设的必由之路，更是推进国家治理体系和治理能力现代化的应有之义。现代信息技术作为工具理性的客体，可以通过各种载体进入村民的生产生活中，为村民提供更便利、更高效的服务。同时，作为具有价值理性的主体，现代信息技术能够在政治、经济、文化等领域发挥其高效便捷、开放自由的独特优势，推动乡村社会的高质量发展。因此，在乡村自治中运用现代信息技术不仅为乡村发展提供了强大动力，也有助于推动乡村全面振兴，促进乡村社会的进步和发展。通过智慧化的治理方式，可以更好地满足村民的需求，提升治理效率和治理水平，实现乡村治理的现代化和智慧化。

（一）提供精准高效的公共服务

1.将智治引入自治过程中，有利于优化改进乡村管理服务

在现代信息技术的影响下，乡村管理服务发生了显著的变化，主要体现在服务供给和管理决策两个方面。

在服务供给方面，现代信息技术的运用使得乡村公共服务供给变得更加简化和高效。通过将数据资源整合到综合性平台，实现跨区域、跨部门的协调联动和数据资源的共享互通，从而形成资源整合、全域覆盖的基层治理格局，最终实

现服务一体化。这样一来，村民办事的程序变得更加便捷，不再需要多次往返跑腿，实现了办事效率的提升和服务质量的提高。

在管理决策方面，现代信息技术的引入打破了传统乡村管理决策方式的封闭固化、脱离民意和反馈不足等难题。通过线上平台，村民可以实时监督村干部的管理行为，并随时提出意见和建议，从而实现了村民对管理决策的参与和监督。这种新型的管理决策方式更加开放和民主，有利于提升乡村管理的透明度和公正性，增强了村民自治的有效性和可持续性。

总的来说，智慧治理的引入促使乡村管理服务模式持续优化和不断改进，有助于实现乡村的有效自治，推动乡村治理体系的现代化和民主化进程。

2.乡村自治与智治相结合，有利于增强村级组织服务效能

村级组织服务效能提升的关键，即为村民提供更具体化、个性化和精准化的乡村公共服务，并突出大数据技术在此过程中的关键作用。首先，通过大数据技术的精准、量化、可视化优势，可以整合全村可用资源并进行优化配置，从而提供针对不同群体的个性化、优质高效的公共服务。其次，利用大数据技术清查和管理村内集体资产，可以实现村级资产的盘活和流转，促进乡村集体资产的保值增值。再次，智慧治理方式通过吸引更多社会资本流入乡村，为乡村自治的发展注入了新的活力。最后，利用大数据技术对乡村事务的基本情况进行精准分析，实现供需的精确匹配，从而提高了乡村治理的效率和质量。综上所述，将智慧治理引入乡村治理中，能够有效提升村级组织的服务效能，为广大村民提供更好的公共服务。

（二）拓宽群众政治参与的渠道

1.提高村民个人综合素质

在新型互联网信息技术普及之前，由于乡村地处偏远、基础设施不完善等原因，现代信息技术在乡村社会的广泛应用受到限制，导致绝大部分村民对现代信息技术了解不足。然而，随着新一轮技术革命的到来，现代信息技术的发展使得海量信息资源得以汇集整合，并在各种资讯平台上提供给大众，如搜索引擎、微博、App、微信公众号等。这些平台为广大村民提供了快速获取知识信息的便利渠道，使他们可以随时随地、快速便捷地了解乡村治理的具体情况，实现了"足不出户而知天下事"的目标。通过这些平台，村民可以学习新知识，开拓新视野，从而推动乡村自治能力水平的整体提升。这一点对于促进乡村的发展和提升村民的生活水平具有积极意义。

2.保障村民个人参与权利

现代信息技术的发展使得村民能够通过互联网平台获取村内公共事务治理的详细信息，从而保障了村民的知情权，并强化了他们的主人翁意识。通过现代信息技术，村民可以平等地参与村务讨论，基于理性逻辑进行议题的商讨和互动，

从而确保了村民参与权和管理权的真正实现，形成了"人人参与决策，人人参与管理"的良好氛围。此外，现代信息技术还通过公示村务决策结果和实际落实情况，使村民能够实时跟踪监督乡村治理情况，保障和巩固了村民的各项民主政治权利，增强了他们政治参与的底气和信心，提高了政治参与的积极性和主动性，进而提升了乡村自治的绩效。总的来说，现代信息技术的应用为乡村自治注入了新的活力，推动了乡村治理的现代化和民主化。

（三）实现科学有效的乡村治理

1.乡村自治引入智治，可以推动村级组织科学决策

在信息技术普及之前，村内公共事务的最终决策权主要掌握在村干部手中，这种集中的权力可能会导致决策的偏差性。在村级组织能力和专业性不足的情况下，决策的科学性和有效性可能会受到影响。现代互联网技术为解决这一问题提供了可能，通过网络问政议政平台，村民可以实时关注决策进程，并广泛参与其中。村级组织也可以通过这些平台及时掌握村民的需求，从而做出更符合民意和民情的决策。因此，智治与自治的相互结合有助于推动决策制定的民主性、科学性和合理性。这种结合不仅使村民更加积极主动、便利地参与决策过程，也提高了决策的质量和效率，促进了乡村治理的现代化和民主化。

2.智治助力乡村自治，能够健全完善乡村管理体系

现代信息技术对乡村管理体系的影响主要包括转变管理格局和加大管理力度两个方面。首先，现代信息技术打破了传统乡村管理体系中权力集中在少数人手中的局面，通过信息的互通和共享，使得管理变得更加开放和民主化。这种双向信息流动的模式使得决策更具准确性和及时性，避免了信息孤岛的局面。其次，现代信息技术可以用来建立规范有序的管理体系，通过智能软件等工具，可以组织成员及时汇报工作内容和进程，上级组织也可以通过这些信息进行工作指导和评估。这种方式加大了乡村组织内部的管理力度，有助于提升乡村治理水平。

综上所述，现代信息技术的运用为乡村管理体系带来了转型和提升，使得管理更加开放、民主，并增强了管理的准确性和效率。

三、智治促自治：村级事务管理智慧化的实现路径

智治作为一种嵌入式管理方式已成为推动乡村自治发展的重要驱动力。在这样的背景下，适时有效地把握智治在乡村自治中的驱动方向，探寻智治促进乡村自治的有效途径，对于推动村级事务管理的智慧化转型、实现乡村全面振兴和乡村治理现代化的战略目标至关重要。

要实现这一目标，首先需要不断推进信息技术在乡村治理中的应用，促进数字技术与乡村治理深度融合。其次，需要加强乡村干部和村民的信息化素养培训，提升他们利用智能手段进行乡村治理的能力。此外，还需要建立健全数据共享机制，实现跨部门、跨层级的信息共享和协同工作，提高决策的科学性和准确

性。最后，要不断完善法律法规，加强对智治在乡村自治中的规范和指导，确保其健康、有序地发展，最大限度地发挥其推动乡村治理现代化的作用。

（一）数字赋能乡村政务服务精准高效

随着城乡改革的深化发展，乡村事务愈加繁杂，村民需求愈加多样，乡村事务管理难度不断加大。为了应对这一挑战，需要提高村级组织和村干部的政务服务能力，为广大村民提供更加精准、高效、便捷的政务服务。在这个背景下，乡村政务服务数字化成为一个重要的发展方向。乡村政务服务数字化是利用现代信息技术，如区块链、大数据、人工智能等，将数字技术有机融合到乡村政务服务全过程中，以实现政务高效处理、服务精准到位的目标。通过数字技术赋能，可以实现政务服务的智能化、信息化、便捷化，为村民提供更加便利的服务体验。数字技术赋能乡村政务服务不仅是一种新的途径，也是实现乡村有效治理的技术保障，有助于提升乡村治理的现代化水平。随着数字化进程的推进，乡村政务服务将更加智能化、高效化，为促进乡村振兴和建设美丽乡村提供有力支撑。

1.数据采集精准化，搭建乡村政务服务平台

乡村政务服务数字化的实现基于海量数据信息的收集整合，数据采集的精确性更是关系到数字技术在政务服务过程中的实际运用成效。基于大量真实有效的数据信息，构建覆盖面广、高效可靠、互联互通的政务服务平台，有利于搭建村民、农村基层组织与政府之间的信息传递桥梁，使乡村政务服务更加精准高效。基层政府部门之间应建立通用的数据标准体系，统一规定数据采集的手段，采用相同的编码方式和储存方式，以科学的手段分析处理采集到的数据信息，并进行有效的归类整合，以此提高政务服务平台数据收集整合的便捷性。要开拓数据收集新渠道，创新传统数据获取方式。运用网格化数据采集方式，农村网格员收集负责板块的数据信息，从而使数据信息的采集更为完整全面。

制定数据采集统一标准和拓宽数据采集渠道对提高乡村治理主体的数据采集水准至关重要。这些举措有助于确保数据的一致性、准确性和及时性，进而增强了乡村政务服务平台所应用数据的质量和可靠性。通过统一标准，不同部门和组织采集的数据能够互相匹配、对接，从而提高数据的整合性和综合性，为政务决策提供更为可靠的依据。同时，拓宽数据采集渠道也可以增加数据来源的多样性，丰富数据资源，为乡村政务服务的精准高效化提供更为丰富的信息基础。因此，这些举措对于促进乡村政务服务的现代化、智能化发展具有重要意义。

2.数据运用多元化，提升政务服务效能水平

随着现代信息技术的广泛应用，村民对政务服务的期待也在不断提升，因此，农村基层组织必须及时有效地适应这种变化，满足村民多样化的需求和诉求。建立乡村数据应用体系，将数据信息进行深入分析，并将其应用到政务服务的各个环节中，是提升政务服务效能的关键之一。

通过深入分析数据信息，基层组织可以更好地了解村民的需求和关切，有针对性地优化政务服务项目和流程，提高服务的质量和效率。这样的数据驱动型政务服务体系能够更加精准地满足村民的需求，避免资源的浪费和对村民事务的忽视。同时，建立全域覆盖的政务服务体系也能够确保所有村民都享受到政府提供的服务，实现服务的公平和普惠。

因此，农村基层组织应当加强数据运用能力建设，建立起科学高效的数据管理和应用机制，充分利用现代信息技术的优势，为村民提供更加优质、便捷的政务服务。

（二）为群众监督小微权力插上科技的翅膀

村级组织和村干部在乡村自治中扮演着至关重要的角色，其行为和决策直接影响着村民的切身利益和满意度。因此，加强对村级小微权力运行的监管，确保权力在阳光下运行，是十分必要的。

利用大数据、互联网等现代信息技术，建立村务智慧监管平台，是实现对村务管理的智慧化监管的关键举措之一。这样的监管平台可以通过人工智能、大数据等技术手段，实现对村级事务管理的全过程监督和数据分析，及时发现问题和异常情况，提高监管的效率和准确性。同时，通过拓展监管渠道，包括建立在线投诉举报系统、举办村民代表大会等形式，加强村民参与和监督，使村务管理更加透明和公正。

在数字化、智能化的时代背景下，村务管理的智慧化监管不仅有利于防止权力滥用和腐败行为的发生，还可以提高村级组织和村干部的管理水平和效率，为乡村自治和治理现代化提供更加坚实的基础。因此，政府应加强现代信息技术在乡村自治中的应用和推广，不断完善监管机制，确保村务管理更加公正、高效、透明。

首先，收集整合信息，实现村务"数据一张网"。收集整合信息，实现村务数据的统一管理和对村民公开村务事项至关重要。将村中各类事务整合到村务监管平台中，并实现省、市、县（市、区）、乡（镇）、村五级全覆盖，可以确保村民能够方便地查询与自己利益相关的各类信息。这不仅提高了政府信息公开的透明度，也增强了村民对村务管理的监督能力。在平台建设过程中，确保科学合理、突出重点、操作简单是非常关键的。因地制宜、实事求是地进行个性化设计，可以更好地满足不同村级组织和村民的实际需求。同时，简化平台功能和操作方法，重点突出涉及村民切身利益的板块内容，如财务开支、民生资金发放、政策扶助等，有助于提高平台的使用率和效果。总的来说，建设村务智慧监管平台是推动乡村治理现代化、提升村务管理水平的重要举措，通过科学合理的设计和操作，可以更好地满足村民和政府的需求，实现乡村治理的精准化和智慧化。

其次，规定公开内容。对农村小微权力进行清单化管理并全面公开是非常有必要的，这可以有效增强村民对村级组织的监督和信任。规定公开内容涵盖了农村集体的财务收支和资源使用情况，这是村民尤为关心的事项，对保障村民知情权具有重要意义。将平台公开内容划分为即时公开和实时公开两大板块，是为了更好地满足村民对信息的及时性需求。即时公开主要针对日常村务信息，如村务落实情况等，保证了村民能够及时了解到村务的最新进展。实时公开则侧重于公开重大决策的表决结果，确保了村民对重大事项决策的知情权和参与权。通过这样的规定和划分，可以有效地提高村民对村务信息的获取和了解的便捷程度，进一步加强村民对村级组织的监督和参与，有助于促进村民自治意识的增强，推动村务管理水平的提升。

最后，拓宽监督渠道，在平台开设村民监督投诉专项渠道。拓宽监督渠道并在平台上设置村民监督投诉专项渠道是非常重要的举措，它可以有效地促进村民对村务管理的监督和反馈，进而提高村务管理的透明度和质量。通过建立智慧监管平台，村民可以在线上提出质询和投诉，让村务信息的真实性和准确性得到进一步核实，增强了村民对村务管理的监督力度。同时，设置反馈交流通道，使村民能够及时交流、反馈问题，这有助于解决村民在村务管理中遇到的困难和问题，提升村民对村务管理的满意度。这种做法不仅弥补了传统村务公开只能进行信息获取而无法进行质询、监督和反馈的不足，而且还促进了村民之间、村民与村干部之间的交流互动，形成了村务管理主体之间良性有序的互动机制。通过这样的监督渠道，可以更好地保障村民的知情权、监督权和参与权，推动村务管理的民主化和规范化。

2019年以来，山东省宁津县在实践中探索出了一系列将小微权力关进制度笼子的有效举措，主要包括清家底、权力清单、智慧村务三项基本做法。

首先是清家底，即对村级组织和干部进行全面清查核实，摸清家底。通过此举，可以全面了解村级组织的情况，明确各项资源和权力的具体情况，为后续的权力清单制定提供数据支撑。

其次是权力清单，即对村级干部的权力范围进行明确规定和限制，并将其制定成权力清单进行公示。权力清单包括了每位干部的职责范围、权力权限、行使程序等内容，旨在让干部和群众都清楚了解各项权力的界限和规范，确保权力行使的合法性和透明度。

最后是智慧村务，通过引入信息化技术和智能化管理手段，建立起智慧化的村务管理系统。这包括了信息化设备的安装、数据管理系统的建设、线上办事服务的推广等方面，旨在提高村务管理的效率和透明度，加强对权力运行的监督和管理。这些举措的主要成效在于：一方面，通过清家底和权力清单的制定，实现了对村级组织和干部的规范化管理，加强了对权力的约束和监督；另一方面，通过智慧村务的建设，提高了村务管理的效率和透明度，为实现将小微权力关进制度笼子提供了有力保障。

这些举措的主要成效包括以下几个方面：首先，在提升农村基层治理水平方面取得了显著成效。一是通过清家底、权力清单、智慧村务使干部办事、群众办事都有了明确的规范和程序。权力清单的制定为干部行使权力提供了准确的依据，也为群众办事提供了明确的流程和依据，使办事更加高效、便捷。此举不仅使村级权力运行更加规范，也增进了干群之间的和谐关系。二是村务监督更加明晰、便捷。权力清单将村务事项梳理成流程图和监督要点，智慧村务系统为干部和群众提供了便捷的监督平台，实现了全过程的监督，有力促进了村务的透明和规范。三是清家底工作理顺了村集体资产资源的权利归属关系，使农村"三资"管理由薄弱转向了规范，推动了农村公益事业的发展。其次，在巩固了基层党建、加强了党对农村工作领导方面，取得了显著成效。一是清家底、权力清单、智慧村务为村级事务提供了明确的指导框架，使干部办事更有章可循，工作开展更顺畅。二是通过清家底和权力清单，镇村干部在办实事、办难事方面增强了能力，为村集体和群众提供了更多实质性的帮助，增进了与群众的感情。三是村党组织生活的吸引力和实效性明显增强。权力清单制度的推行为主题党日增添了许多村级发展内容，使党员更加积极参与党组织生活，增强了党内政治生活的实效性和吸引力，推动了基层党建工作的深入开展。

（三）加快构建促进群众参与的智慧平台

现代信息技术在农村社会治理中的应用，特别是建立乡村智能网络协商平台，可以有效促进农村治理的现代化和民主化。这样的平台可以为村民提供更加开放、便捷的参与渠道，使他们能够更加直接地了解村务信息、表达意见和参与决策，从而增强了村民对农村事务的参与感和归属感。通过乡村智能网络协商平台，村民可以随时随地通过网络了解村务信息，参与村务议题的讨论和决策过程。这种开放性和便捷性不仅提高了村民的政治参与度，还促进了村民之间的沟通和合作，增强了村民自治的意识和能力。此外，乡村智能网络协商平台还可以通过数据分析和人工智能技术，为村级领导提供决策支持和智能化管理工具，帮助他们更好地了解村民的需求和诉求，及时回应和解决问题，提高决策的科学性和民主性。因此，建立开放、理性、共建、共享的乡村智能网络协商平台，拓宽村民参与农村社会治理的渠道，将是推动乡村治理现代化的重要途径。通过充分利用现代信息技术，实现农村社会治理的智能化和民主化，将有助于促进乡村的全面振兴和社会治理水平的提升。

1.加大平台基础设施建设力度

加大互联网普及力度和扩大5G光纤网络覆盖范围是实现乡村信息化的重要举措。政府可以通过制定政策和投入资金、技术支持，推动各网络运营商在乡村地区建设网络基础设施，确保乡村地区能够享受到与城市同等水平的互联网服务。在政府和运营商的共同努力下，提速降费等服务将成为乡村地区的标配，降低了互联网使用的门槛，进一步促进了乡村居民对互联网的接受和使用。这不仅有利于拓宽农村居民的信息获取渠道，还能够促进农村经济的发展和农民生活水平的提高。此外，政府和各网络运营商还应该加大对乡村通信信息服务站的扶持力度，鼓励其在农村地区开展业务，并提供相应的技术培训和支持，以确保服务站能够更好地满足乡村居民的需求。通过全力推动信息化成果进村入户，构建数字家园，乡村地区的居民将能够更加便利地获取各种信息，享受到现代科技带来的便利和福利。这将有助于促进乡村的发展和建设，实现城乡数字鸿沟的缩小，推动乡村的全面振兴。

2.打造综合网络协商平台

建立乡村智能网络协商平台是推动乡村自治和民主决策的重要举措。这一平台可以通过互联网技术实现村民参与村务管理和决策的便利化和高效化。通过建立乡村智能网络协商平台，政府部门可以更好地倾听民意、解决问题，促进村民参与决策、增强民主意识，推动乡村自治和共建共享的发展。

第三章 乡村治理体系现代化的制度建构

第一节 乡村治理体系现代化制度建构的核心变量

一、利益：制度建构的根本路向

协调私人利益与公共利益的关系是确保"以人民为中心"核心理念贯彻到制度体系的主要方向，是推进乡村治理体系现代化制度建设的核心目标，同时也是国家价值与个人价值相融合的基本支柱。

（一）乡村治理体系现代化制度能够保障农民的正当私人利益，深度调整私人利益和公共利益的关系

人的尊严体现在三个方面。首先是人的目的性。康德提出"人是目的"，强调人应被视为目的而非手段。因此，治理制度应将人的存在和发展置于重要位置。其次是基本权利保障。政府不应不当干预个人选择和行为领域，而应为个人提供发展机会和条件。最后是体面的生活。政府不仅应保障公民的基本权利，还应主动保障其需求权利或社会权益。这些原则分别对应着避让、避免扩大致害和补偿。在乡村治理制度构建中，应将"以农民利益为核心"的价值内容制度化，将保障农民的正当私人利益置于优先位置，而非经济赔偿。

（二）乡村治理体系现代化制度能够打破封闭化的利益圈子，实现政府、市场和社会的利益与公共利益相协调，重构乡村利益格局

在政治领域，公共利益是政府合法性的来源。亚里士多德指出，只有照顾到公共利益的政体才是正当的，而只照顾统治者利益的政体则是错误的。政府应确保治理目的的公共属性，并与广大民众的利益保持一致，以获得民众的理解和支持，实现公共利益最大化的治理效果。在经济领域，公共利益是规范经济行为和降低交易成本的一种意识形态，使人们不再只追求个人私利，而考虑到整体社会效益。在政府与市场价值协调的过程中，建立基于公共利益的意识是必要的，以促进经济整体良性发展。在社会领域，公共利益有助于促进社会资本的形成和增进成员间的信任。然而，政府与利益集团结合，甚至成为其代表，会损害农民利益，导致农民对政府失信，并产生社会内部撕裂。现代化的

治理制度构建应致力于重塑乡村内生秩序，促进社会成员之间的信任和合作，从而重构乡村利益格局。

中国特色乡村治理体系现代化的制度安排，以"以人民为中心"为核心理念，通过调整利益关系，保障政府、市场和社会的利益与公共利益协调一致。其核心目标是打破封闭的治理体系，消除制约农村改革的利益藩篱。因此，现代化的制度构建将农民利益作为根本的引导方向。

二、权利：制度建构的核心要件

当前，乡村治理中存在着封闭化的治理主体，导致农民利益被边缘化。但农民长期受制于"体制惯性"，缺乏公民意识的培养，导致政治参与局限，群众对政治反应冷漠。现代化乡村治理体系的建构需要对现有治理主体进行根本性变革，而非简单地扩大包容性。根据"以农民地位为中心"的价值观，应确立农民在治理中的重要地位，使其成为重要的治理主体，真正参与乡村发展与振兴。在农民与地方政府的权利关系中，农民权利应占据核心地位。因此，中国特色乡村治理体系的制度建构将权利作为核心要素。

（一）乡村治理体系现代化的制度建构切实将保障与实现农民权利作为重中之重

农民与政府关系的失衡根源于农民权利未受到有效保障，导致乡村社会发展受限，面临无法形成向公共服务型政府转型的压力。在政治、经济和社会方面，农民的权利普遍存在不足。在政治权利方面，基层自治组织缺乏完善的自治权实现路径，使得村民无法成为政治生活的主角，尤其在选举过程中问题突出。在社会权利方面，公共服务供给不充分，地方政府长期忽视农村公共需求的满足，导致社会权利无法得到有效保障。在经济权利方面，对农民财产权的保障较弱，地方政府可以不经农民同意进行工程建设等活动。目前，对"治理"的概念存在不同解读，但普遍采用的是政府主导、社会参与的模式。然而，实践中有些地方的"政府主导"逐渐演变为一元化管理，而社会参与被动接受政府指令。农民只是被动响应政府的要求，缺乏选择权。在这种模式下，一系列改革举措难以实现预期效果，反而加剧了农民与政府的对立。现代化的乡村治理体系需要重视农民的主体地位，保障其权利，同时限制政府的过度干预，确保农民利益得到维护。

（二）乡村治理体系现代化的制度建构能够重塑农村的内生性秩序，使村民自治组织更好发挥效能

当前，农村内生秩序的迅速瓦解呈现出农民私利化和原子化的趋势。许多村委会面临解决村民问题的困境，特别是难以有效动员农民。农村基层组织的弱化导致治理权转移到了以血缘为纽带的宗族势力或以经济利益为核心的资本势力手中，与"以农民地位为中心"的价值立场相违背，可能动摇党组织在基层的领导

地位。对政府而言，实现农村的和谐稳定并获得农民支持至关重要。乡村治理体系现代化的制度建构主张切实保障和实现村民自治的权利，尤其是维护和完善村民选举、协商、决策、管理和监督等民主制度，促进这些自治权利的实质化。同时，制定村规民约、培育新型乡贤也是重要举措。通过激发新乡贤在治理中的社会使命感，乡村治理体系的现代化建构能够增强村民自治组织的治理效能。因此，现代化的乡村治理体系建构将完善村民自治视为核心任务，逐步重塑农村内生秩序，从而更好地维护农民的基本权利，并通过有效的组织和平台使农民行使治理乡村的权利。

（三）乡村治理体系现代化的制度建构能够进一步增强市场主体和社会组织在乡村发展中的能力

市场和社会作为乡村治理的重要主体，其权利的实现不仅与政府的"赋权"有关，更关键的是取决于它们自身的发展水平。目前，尽管农村市场经济体系已初具规模，但总体来看，其建设水平尚不成熟；与此同时，由村民自发形成的社会组织还较为稀少，社会服务和管理的范围也相对狭窄。根本原因在于农民的经济和社会权利受到限制，这制约了农村市场和社会的发展。例如，宅基地使用权受限导致农民难以有效行使财产权，从而限制了市场化进程。在乡村，市场主体和社会组织都离不开农民的参与。农民不仅是农产品生产、加工和消费的主要参与者，还构成了农村合作社、服务社、联合社等组织的基础成员。然而，农民的谈判能力有限，需要村组织代表民意，争取农民的权利和利益。乡村治理体系的现代化建设旨在强化村民自治建设水平，尊重农民的选择权，增强农民的权利实现能力，从而提升农民集体经济组织的市场化程度和农民自治组织的社会化水平。通过加强市场和社会的治理主体地位，逐步形成政府、市场和社会三者相对均衡的治理格局，有助于监督政府公共权力行使，约束地方政府的治理行为，推动各项治理内容得到民意支持和有效实施。

乡村治理体系现代化制度的建构，必须以权利为核心要素，以维护和保障农民的权利为出发点，通过逐步重塑乡村内生秩序，赋予农村市场和农村社会更多的发展权力，进而强化农民权利的维护与实现。这种良性循环的形成将推动乡村治理体系与乡村治理能力相互促进、共同进步。

三、活力：制度建构的关键要素

活力是人类社会生存和发展的内驱力和原动力，代表着人民群众积极向上、勇往直前的精神状态。这个概念具有广泛的内涵和外延，与一切呆板僵化、机械模仿不相容。然而，当前的乡村治理中存在一种"激励异化"的现象，在有些地方，政府主导治理，以政绩考核取代实际需求，以行政手段压制市场机制，以行政命令消减村民自治，导致乡村内生动力不足，乡村活力发展受阻。中国特色乡村治理体系现代化的制度建构，以利益和权利分别作为根本导向和核心要素，为释放乡村潜在活力提供了可能性。现代化的制度建构强调主体与客体的结合，将活力视为关键要素，促进其向现实的转化。

（一）中国特色乡村治理体系的制度建构能够通过党政关系的完善，激发政府体系内部活力

当前，有些地方政府的日常管理活动被过度政治化，导致政府行为难以规范化，内部运行效率低下。一方面，政府为迎合上级政绩考核，常常通过政治动员等手段，集中资源完成特定任务，这种过度动员会导致矛盾激化和冲突升级，使原本可通过常规行政程序解决的问题演变成冲突，消耗大量社会资源。另一方面，政府行政过程被过度政治化，缺乏与基层社会的良性互动，未能及时整合社会需求和意愿，导致社会信任和支持减少，也影响了政治过程。因此，要协调政府内部运行，需要明确政治功能与行政功能的区分，实现二者的正确运作。首先是功能区分。政治过程注重合法性和社会支持，而行政过程则注重例行性和行政效率。地方政府应建立健全的行政治理机制，综合利用法律法规、公共政策和村规民约等方式治理乡村事务。其次是功能互动。行政功能应与社会公众保持沟通，吸收民意参与常规行政治理过程，及时纳入政治过程；政治过程中，应及时凝聚社会利益形成公共政策，并迅速落实执行。再次是强化行政效率。行政过程必须及时有效地回应社会问题，避免冲突加剧，降低政府运行成本。最后是完善政治功能。政府权威来自人民的认可，需要发挥政治功能。为应对各种挑战，政府应建立开放民主的整合协调机制，尊重不同社会群体的利益，满足各类群体参与、表达、协调的需求，为常规治理创造有利的政治环境，赢得更多群众的支持和信任。

（二）中国特色乡村治理体系现代化的制度建构能够通过政府与市场关系的完善，激发乡村市场活力

乡村治理的主要问题不在于缺乏制度，而在于现有制度的执行效力不足。有的地方政府存在对制度的"选择性"执行问题，导致政府的自由裁量权超越了制度规范，制度的约束力降低。对于政府自身难以有效约束权力的问题，有人提出了由市场替代政府主导治理过程的观点，试图重新定义政府和市场在乡村治理中的角色。然而，许多发展中国家陷入"中等收入陷阱"的惨痛教训告诉我们，激进的市场化改革会给国家带来深重灾难。我国长期以来存在着对权利意识的保障不足、社会和市场发育不足的问题。如果政府突然"缺位"，必然会导致社会失序和动荡。因此，现代化的制度建构需要有为政府与有效市场相结合，促进政府在农村补贴、技术培训、市场规则制定、监管、产权保护、营商环境优化等方面发挥积极作用，同时最大限度地将农村要素资源配置的功能交还给市场。这将有助于推进农村要素市场化改革和城乡一体化的要素市场建设，激发乡村市场的内生动力。

（三）中国特色乡村治理体系现代化的制度建构能够通过政府与社会关系的完善，激发乡村社会活力

经典政治理论将政府视为"社会契约"的产物，认为政府的存在是为了满足社会对安全、秩序、公共产品和服务的需求。然而，在现实中，政府与基层社会之间存在着一些问题，一方面，有的地方政府在土地等问题上与民争利；另一方面，有的地方政府长期忽视农民的实际需求，未能满足其公共物品和服务的需求，也忽视了农民对权利和利益的诉求。因此，现代化的制度建构应该从责任性、嵌入性和超越性三个维度，激发政府的外部响应动力。首先，需要强化政府的责任性。建立健全的制度机制，使社会需求通过有效途径得以表达和整合，将社会需求纳入政府绩效考核的目标和责任范畴。其次，需要强化政府的嵌入性。政府应该根植于社会之中，更多地基于权利和义务的协调关系，与各种社会群体、组织和成员进行协商，建立互信关系，实现相互嵌入，确保政府与社会密切相互关系。最后，需要强化政府的超越性。政府应在一定程度上超越既得利益群体，保证其公正性，不被特定利益团体左右。特别是要通过法治来规制地方政府与资本"合谋"侵害农民利益的行为，解决政府与民争利的问题，规范资本获利的合法性。

在当前乡村治理中，有的地方政府确实表现出一定的活力，但这种活力更多地表现为对自身利益的追求，而没有充分转化为对民众实际需求的回应。中国特色乡村治理体系将活力视为制度建构的关键要素，以此来实现对民众需求的有效响应。这种治理体系通过充分发挥权利要件赋予的治理能力，促进多元治理主体的内生活力。通过建立健全的制度机制，将民众的需求纳入到决策和执行过程中，使得政府不仅关注自身利益，也更注重民众的利益。同时，这种体系也能够激发乡村发展的活力，使得乡村充满生机。在这样的乡村治理体系下，政府与民众之间实现了有机统一和相互促进。政府通过制度建构和政策措施，有效回应民众需求，推动乡村发展；而民众通过参与决策和监督，促使政府更加关注民众的利益，实现了二者之间的良性互动。

实现社会主义现代化是社会主义初级阶段向更高阶段发展的必然要求。在这个过程中，乡村治理的现代化也是至关重要的一环，体现了社会主义制度的优越性和活力。在乡村治理中，利益、权利和活力是三个核心变量，它们的积累和变化反映了乡村治理制度建构从量变到质变的进步程度。随着制度建构的不断完善和发展，乡村治理中的利益关系变得更加合理，权利得到更好的保障，活力得到更有效的释放，这都将推动乡村治理的现代化进程。因此，乡村治理的现代化不仅是对乡村发展的需要，也是实现社会主义现代化的重要组成部分。只有不断提升乡村治理的现代化水平，才能更好地满足人民群众的需求，推动乡村振兴战略的实施，实现全面建设社会主义现代化国家的宏伟目标。

第二节 乡村治理体系现代化制度建构的功能

一、党委全面领导保证价值取向

党委全面领导制度在乡村治理中的功能是至关重要的。这一制度能够保证中国特色乡村治理体系始终以人民为中心，坚持党的农村工作使命，从而推动乡村治理体系的现代化进程。

党委全面领导制度的功能包括：

第一，保障"以人民为中心"的价值取向。党委全面领导制度确保乡村治理体系始终以人民群众的利益为根本出发点和落脚点，推动乡村治理体系朝着更加民主、法治、透明的方向发展。

第二，推动党总揽全局、协调各方的领导作用。通过党委全面领导，各级党组织能够更好地协调各方面资源，形成合力，促进乡村治理各项工作协调有序地开展，避免各种利益之间的碰撞和冲突。

第三，解决"激励异化"和"内卷化"困境。党委全面领导制度能够有效应对乡村治理中可能出现的"激励异化"和"内卷化"问题，引导各方面力量合理竞争、协同合作，确保乡村治理体系的发展方向正确，不走入误区。

第四，缩小城乡收入差距，推动共同富裕。通过党委全面领导，可以促进城乡经济的协调发展，推动乡村经济的持续增长，减少城乡收入差距，实现共同富裕的目标。

第五，避免社会不稳定因素。党委全面领导制度能够有效地引导乡村治理工作朝着正确的方向发展，防止因城乡差距过大而导致的社会不稳定因素，保持乡村社会的和谐稳定。

（一）建构党委全面领导制度，能够充分发挥党委利益超越优势，保证以农民地位为中心的价值立场

元治理是指治理过程中权威机构的介入，它不同于其他治理形式，如协同治理、多中心治理或自组织治理，而是强调权威性机构的参与和引导。在西方理论中，通常认为政府应该承担元治理的角色，但也有学者对政府承担元治理角色提出了质疑，主要是担心政府难以公正处理作为治理体系一员和元治理主体的双重身份。

在当前乡村治理中，各治理主体之间的力量不平衡，市场和社会主体力量相对较弱，政府的自利性导致了一些问题，如部门利益化、寻租行为等，这对提升治理能力造成了一定的危害。因此，现代化的制度建构应当确立党委在现代乡村治理体系中的元治理主体地位，以农民地位为中心立场。与西方政治体制不同，中国共产党代表着最广大人民的根本利益，因此在乡村治理中，党委可以发挥元治理的作

用，统筹各方面的利益，确保包括农民利益在内的最广大人民的利益得到保障。

（二）建构党委全面领导制度，能够切实保障农民利益，保证以农民利益为核心的价值内容

当前乡村治理中的一个较严重问题，即地方政府与工商资本结成利益共同体，导致其行为偏离了公共利益，不再真正为农民谋利益，而是成为工商资本的代理人。这种"权力—资本"共同体的形成，扭曲了政府和基层组织的激励机制，导致乡村建设过程中农民利益受到了严重侵害。

为了解决这一问题，将建构党委全面领导制度置于现代化制度结构的首位具有重要意义。这意味着政府应该牢记以人民为中心的发展理念，确保所有的决策和行动都符合农民的利益以及乡村的整体发展需要。通过加强党委的领导作用，可以有效地调整和规范地方政府与工商资本的关系，确保政府行为始终以维护公共利益和农民利益为导向。

此外，需要建立健全的监督机制，加强对地方政府行为的监督和评估，确保其行为符合法律法规和公共利益的要求。同时，还应该加强对工商资本的监管，防止其对乡村资源的过度开发和掠夺，保护农民的合法权益。

总之，通过建构党委全面领导制度，可以有效地解决"权力—资本"共同体带来的问题，确保乡村建设真正符合农民的利益，实现乡村治理的现代化和乡村全面振兴的目标。

（三）建构党委全面领导制度，能够切实保障农民权利，保证以农民作用为支撑的价值动力

党委全面领导制度在乡村治理中的作用非常重要。除了维护和保障农民的公共利益外，党委全面领导制度还能够从根本上保障农民的权利，将农民有序地组织起来，确保他们在乡村治理过程中的有效参与、作用发挥和权益实现。

长期以来，在以政府主导的乡村治理中，农民的参与是相对缺乏的，尤其是取消农业税后，政府几乎不用与农民个体互动，这导致了农民的分散性，使农民更难得到组织和强化。地方政府和下乡资本正是利用了这一点，得以大规模地流转和整合农民土地，争取可以彰显其政绩和经济利益的农业农村项目。因此，在乡村治理中只有尊重农民意愿、利益和表达权利，保证农民内生性的动力作用发挥，才能促使乡村振兴过程的平稳有序。

党委全面领导制度的建构是对农民权利的切实保障。通过党委的领导，可以有序地组织农民参与乡村治理，保障他们的权益得到充分体现。特别是在乡村生产生活环境相对分散的情况下，需要权威性力量的介入，以确保农民权益不受侵犯。

现代化的制度建构应该吸取"赶超型"价值取向下人民公社化运动的历史教训，将权威性力量的介入制度化为对乡村治理公共性的重塑，实现农民、政府、

资本三者之间的平衡。只有这样，才能促进乡村振兴的平稳有序进行，确保农民的利益得到充分保障。

（四）建构党委全面领导制度，能够规范领导者的个人行为，保证以农民满意为尺度的价值标准

完善选拔制度：确保党委主要领导的政治立场坚定，以人民利益为重，而不仅仅是追求个人政绩。为此，选拔过程应更加透明和公正，候选人的政治信念、作风品质、服务态度等方面都应成为考量的重要指标。此外，引入多元评价机制，包括民意调查、群众评议等，以更好地反映民意，提高选任的公信力。

完善任期制度：确保基层党委主要领导的稳定性和延续性，有助于保持乡村治理的连续性和有效性。长期稳定的领导层可以促进乡村政策的持续性和长期发展规划的实施。因此，应该建立健全任期制度，对基层党委主要领导的任期进行明确规定，并在一定条件下允许连任，以鼓励优秀领导人员继续为乡村治理事业作出贡献。

完善利益超越制度：除了物质保障外，更应重视精神激励和社会荣誉激励。通过颁发荣誉奖章、设立荣誉墙、树立雕像等方式，对党委主要领导的优秀贡献给予公开、明确的肯定，激励他们更好地为民服务，同时也为其他干部树立榜样，倡导全社会积极向上的价值导向。

总的来说，这些措施有助于提升党委主要领导的水平和治理能力，增强他们为民服务的责任感和使命感，进而推动乡村治理体系的现代化建设。

规范基层党委主要领导的权力运行范围是推动乡村治理现代化的重要举措之一。通过建立健全的制度机制，建立规范的权力运行模式，才能有效保障党委主要领导的权力行使符合公共利益和法律规定，推动乡村治理体系的健康发展。通过现代化的制度建构，促进对基层党委主要领导的有效评价，可以更好地发挥其作用，为乡村治理现代化提供更有力的保障。这需要不断完善评价机制，强化民众参与，确保党委主要领导始终与人民同心、与人民同行。

二、民主制度建设促进政府转型

民主制度建设的目的在于解决基层政府扭曲的"激励机制"，纠治领导不向党和人民负责的问题，并为基层政府在运行中贯彻中央政策、体现民意打下制度基础。通过逐步扩大基层民主参与，培养政府官员和民众的公共精神，促进政府与社会之间良好互动，推动政府向现代化转型。总体而言，现代化的乡村治理体系应建立在民意基础上，使基层政府的公信力源自民意，使其主要任务为贯彻中央政策，服务民生。

（一）通过民主制度建设，推动基层民主向地方民主发展，促进县域政府率先转型

从中央和地方的关系来看，地方分权赋予地方整合调动资源推动经济发展的

能力，充分调动了地方政府领导者的积极性。但观察发现，上级政府很难对分出的权力进行有效的监督，民众更难以通过民主制度对地方政府予以有效监督，这就导致中央越是加大分权力度，地方政府偏离化的程度就越大。面对新的以县域为权力承接主体的分权，如果没有与之相对应的有效约束制度，则难以保证自主权不被异化为县域政府主要领导的个人权力或者成为少数利益集团谋取私利的工具。显然，县域政府的扩权必须伴随着相应民主机制的跟进，否则，风险化的治理结果将会更多地出现，这将动摇国家治理的权威性和合法性。乡村治理体系现代化的民主制度建设提出基层民主向地方民主发展的重要任务，且以促进县域政府转型为优先选项，目的就是在乡村全面振兴的进程中，能够率先构建起县域政府权责利平衡的关系，促进县域政府更好统筹资源，发挥好县域在统筹各类资源要素、推动城乡融合的关键性作用。

（二）实施民主制度建设，能够扩大和提升地方政府直接选举，促进政府权力基础的转型

选举是民主的核心内容，没有选举就没有民主。在当前乡村治理中，民主选举活动并不尽如人意。选举活动本应是开放和竞争性的，但就目前而言，一些选举活动并未做到。建构地方民主制度的重点，不仅需要继续深化村级直接选举，促进基层党组织与村委会之间关系的协调，而且要进一步发展乡（镇）和县（市）层面的直接选举，重构地方政府的权力基础，从根本上解决民主选举的有效性问题。不过，在明晰民主制度化目标的同时，也应重视民主建设的复杂性和长期性。

"以人民为中心"的乡村治理体系现代化民主制度建设，旨在通过更加开放、更为透明、更具竞争性的直接选举制度的完善，选出更受民众认可、更有为民服务动力的领导者。

（三）通过民主制度建设，深化多种层次的协商民主，推动政府运行方式的转型

深化多种层次的协商民主，需要重点关注以下两个层次：首先，要完善人大制度的协商民主实践。这包括促进人大制度的民主化建设，使更多的人大代表成为真正称职的民意代表，同时通过制度化的竞选机制，将更多的民间意见领袖选举为人大代表，有序纳入体制。此举也会鼓励农民更认真地参与县乡人大代表的选举，并倾向于在体制内寻求解决问题的途径。人大制度是社会主义民主的重要载体，它能够健全民众对政府的监督和问责制度，通过完善各项制度安排，如论证、评估、评议、听证等，使政府在运行过程中受到来自人民的有效监督，督促其积极履职，及时回应社会需求。举例来说，扩大人大制度的监督范围，将政府及地方国有企业的年度预算、建设项目、人事安排等公共事项交由人大审议，保证人大授权方可为，同时保障人大的否决权，使其行使对政府运行方式转型的约

束更为直接。其次，重视农民组织的协商民主实践。这有利于发挥农民组织集中表达农民诉求的作用，促使农民与基层政府建立磋商对话机制，同时也为基层领导与上级政府开展磋商对话提供民意基础。目前，少数政府对部分事务进行了某种程度的"垄断"，农民除了被动接受政策扶持和要求外，很少主动参与自我管理和承担社区责任，导致乡村社会更加"软弱"。在农民组织中推进协商民主，有望实现农民权益的切实维护，基层领导通过农民组织获得与上级政府谈判的能力，而中央政府也能以较低成本获取真实的基层信息。

三、基层自治建设激发社会活力

一个社会如果缺乏活力，那么这个社会就是缺乏生命力甚至是停滞的社会。我国曾有过漫长的封建社会，之所以发展迟缓，就是因为封建专制统治下的社会机体缺乏生机活力，造成整个社会的创新、思想进步、科技发展近乎停顿。社会活力的目标，即"人人有责、人人尽责、人人享有"的社会治理共同体的形成。有活力的社会具有四个特征：一是社会生产力的持续增长，每个人都有在不影响他人权利的情况下通过自由创造追求自身经济利益的权利。二是具有宽容意识，宽容意识的本质是对人的基本权利和个性的尊重，对个人自由和创造性的尊重，人的自由全面发展是社会发展的终极目标，这一目标只有在充满活力和多元化的社会中才能实现。三是开放流动，在开放流动的社会中，各种社会资源和要素才能达到最优配置，实现效率性。开放流动的社会，可以自发调节社会成员的流动，民众可以依据自身偏好和能力为社会作出贡献，并获得与之相应的回报和上升空间，都拥有人生出彩的机会。四是有序竞争，通过个人之间、市场主体之间的平等竞争，鼓励创新创造，促进社会效率提高与社会整体进步。要使以上这些社会活力的基本要素得以真正激发，则必须以制度化建设作为保障，否则难免会因统治者担心自身的权威受到挑战而被抑制。

（一）通过基层自治建设，促使乡村问题"内部化"和"社会化"

通过加强基层自治建设，不断激发乡村社会的自主性力量，让更多的社会生活事务通过自我管理的方式予以调节，这样就会让更多政府以外的主体都能够分担这些问题的处置成本，如此既可以降低政府直接管理乡村的成本，节约政府处理这些农民社会生活事务的精力，又使得乡村社会内部充满活力，让这些生活问题能够得到更优化的协调与解决。这种新的治理方式就是乡村问题的"内部化"和"社会化"。乡村问题"内部化"指的是让乡村社会的问题尽量在乡村内部解决，而不是一有问题就首先成为上级政府直接面对的问题；乡村问题"社会化"指的是让农民的问题尽量不要成为政治性问题，而是要尽可能地使这些问题成为社会性问题。基层自治建设就是为农民和政府更好解决这些问题提供处置路径和办法的制度化保障，使社会成员尽可能通过市场机制或社会互动等有机的社会性渠道来解决各类问题，而不再依赖于向政府频繁施压的传统方式。

（二）通过基层自治建设，发挥村规民约的"小宪法"作用

通过基层自治建设，发挥村规民约的"小宪法"作用，可以激发乡村社会的活力。村规民约作为一种自发形成的基层自治规范，具有指导村民行为、维护社会秩序的功能。它不仅反映了乡村的传统文化和习俗，还能够根据当地的实际情况进行灵活调整，以促进村民自治的有效实施。村规民约的制定过程应该充分保障村民的民主讨论和表决，从而确保其具有广泛的公信力和执行力。通过村规民约的有效执行，可以引导村民规范处理各类矛盾和问题，保障乡村社会的秩序持续稳定。这种基层自治的做法能够激发村民的参与热情，增强他们对乡村事务的责任感和归属感，进而激发乡村社会的活力，促进乡村社会发展。

（三）通过基层自治建设，推动党组织领导下的三方治理融合在基层落实落地

通过基层自治建设，可以推动党组织领导下的三方治理融合在基层落实落地，从而激发乡村社会的活力。基层自治作为一种有效的治理方式，能够有效整合党组织、政府和社会各方面的资源和力量，实现三方治理融合的目标。在基层自治建设中，党组织可以发挥引领作用，提供思想政治引领、组织协调、监督管理等支持，促进村民自治的规范化和法治化。政府部门则可以提供必要的政策支持、资源保障和服务保障，推动基层自治组织的健康发展。同时，各级社会组织和群众也应积极参与基层自治建设，发挥各自优势，共同促进基层治理的规范化和民主化。通过党组织领导下的三方治理融合，可以形成政府主导、社会参与、群众自治的治理格局，从而更好地激发乡村社会的活力，促进乡村社会的和谐发展。

第三节　乡村治理体系现代化制度建构的共性和差异性

一、制度建构的共性

乡村治理体系现代化的根本目的是确保"以人民为中心"的价值取向得到维护和保障，以超越当前乡村治理中出现的"内卷化"困境和"激励异化"的现象。在制度建设中，共性要素如人民性、全面性、包容性和可持续性等特征，是现代化制度建设的显著标志。

（一）人民性

人民性是马克思主义最鲜明的品格之一。将人民性作为制度建构的首要原则，是确保乡村治理体系现代化的制度构建具有生命力和超越性的关键。现代化的制度构建之所以能够有效，正是因为始终将人民性视作贯穿始终的核心原则，从而确保各项制度真正维护和保障了乡村治理现代化的价值取向。相比之下，不少发展中国家未能将民众的核心利益置于关注重点，而是将抽象的"自由""民

主"等作为价值追求。然而，这些形式上的"自由"和"民主"却往往被资本集团和传统势力作为工具，导致贫富差距持续拉大，农民长期处于贫困状态，治理效能低下。

农村改革以来，我国乡村治理曾一度未将农民利益放在首要位置，过分强调"发展至上"的理念，导致忽视了公共服务和民生保障，引发了严重的"三农"问题。后来，党的十九大提出了乡村振兴战略，并明确确立了"人民性"的价值导向，配套了严密的"人民性"制度体系，以确保乡村振兴能够得到有力有效推进。因此，在推进乡村治理现代化制度建设的过程中，将"人民性"作为制度化的根本目标至关重要。坚持"人民性"意味着坚持党对农村工作的领导地位，以政治保障协调各方利益关系。同时，也意味着坚持农业农村优先发展，因为如果只以经济利益为驱动，农村的发展就可能被边缘化。现代化的制度建设应当着眼于维护人类长远利益，而农业农村的发展正是人类永续发展的关键所在。因此，"优先性"即是"人民性"，需要在宏观上平衡"长远利益"与"短期利益"的关系。此外，坚持"人民性"也意味着将"发展为了农民、发展依靠农民、发展成果由农民共享"作为制度构建的出发点和落脚点。尤其是在当前阶段，应当重点健全完善基层民主和基层自治制度，充分尊重农民意愿，激发农民活力，使农民从治理客体转变为治理主体，实现农民个体利益与农业农村发展的深度融合。

（二）全面性

乡村治理体系现代化制度建构的核心变量之一是将权利视为制度建构的核心要素。这意味着在制度建构过程中不仅要考虑到治理主体的利益，还必须充分重视权利的赋予和保障。现代化的制度建构力求将权利所赋予的能力转化为以"活力"为标志的生产力，以推动乡村经济、政治、文化、社会和自然生态的持续健康发展。

乡村治理体系现代化制度建构的功能全面性体现在各项结构要素之间的系统性和关联性上。现代化制度建构不仅涉及乡村治理体系的一个子系统，也包括多个结构要素组成的各个子系统。这些子系统之间必须相互协调、彼此衔接，以确保整体系统的良性运转，并实现功能的系统集成。

首先，现代化的制度建构将"党委全面领导"作为首要考虑，以确保制度建构的价值取向。党委领导的全面性体现在民主制度建设、基层自治建设、法治乡村建设、信息技术嵌入等各结构要素的强化政治保障上，共同服务于"维护农民群众根本利益、促进农民共同富裕"的价值导向。

其次，"民主制度建设"是紧随其后的重要组成部分，强调民主制度与党的领导的紧密衔接。民主制度建设的目的在于完善党的领导方式，增强党的权威性，通过民主制度建设改善党委和政府之间的关系，克服政府的权力异化倾向，促使政府真正转型为服务型政府。

再次，"基层自治建设"则是实现乡村社会动力内生的关键。基层自治通过维护和保障农民的治理权利，发挥村集体的引导能力、组织能力和发展能力，促进乡村社会动力的内生发展，调动农民的积极性、主动性和创造性。

最后，"法治乡村建设"是整个现代化制度体系的重要保障。法治的确定性和可预见性能够有效保障现代化制度体系的稳定性，在乡村全面振兴的大趋势下，法治的约束和保障可以有效防止资源资金的滥用和利益冲突，确保乡村社会的秩序和稳定。

（三）包容性

制度的包容性对于乡村治理的现代化至关重要。乡村治理体系现代化制度建构必须注重包容性，以人民为中心，充分考虑各方利益和需求，促进各方共同参与，确保制度与社会需求和环境相适应，实现制度的持续发展和进步。通过确保制度与社会需求相适应、多元主体参与和增强制度实现的认同性，可以推动乡村治理体系向更加包容、和谐和现代化的方向发展。

（四）可持续性

中央政府在生态文明建设上做出了巨大的努力，不断整治和修复农村生态环境，推动农业绿色发展。这一举措不仅有助于改善农村生活环境，也为乡村可持续发展奠定了基础。现代化的制度构建将"可持续性"作为基本原则，将这一理念制度化、法律化，从而推动乡村的可持续发展。这意味着重视保护环境、保护资源，使得农村在发展的过程中不仅能够创造经济价值，也能够保护生态环境，实现经济与环境的双赢。可持续效率观、可持续公共利益观和可持续服务观是实现可持续发展的重要维度。通过坚持这些观念，可以促进农村产业的结构优化，缩小城乡差距，提高农民收入，实现农村的可持续发展。

综上所述，将"可持续性"作为现代化乡村治理制度建构的基本原则，有助于保护乡村生态环境，推动农村经济社会的健康发展，实现经济效益、社会效益和生态效益的统一。

二、制度建构的差异性

两个重要的变量会对乡村治理现代化产生深刻影响，即乡村社会本身的差异化和乡村管理体制或制度的变化。

（一）乡村社会的差异化

中国的农村社会正在发生巨大的分化，不同地区的农村之间存在显著差异。东部沿海发达地区的乡村通常具有较高的社会发育程度、经济发展水平和创新创业活力，同时也享受着更高水平的公共服务供给。相比之下，西部和中部地区的乡村往往面临着更多的挑战，如经济落后、基础设施不完善、公共服务不足等。因此，针对不同地区的乡村社会特点进行深入分析和研究，可以为制度建构提供更为精准的指导和适应性策略。

（二）乡村管理体制或制度的变化

不同地区的乡村管理体制或制度也存在着差异。在乡村治理现代化的过程中，政府和相关部门通常会根据当地的实际情况，对乡村管理体制或制度进行调整和改革。在一些发达地区，可能已经建立起了相对完善的乡村治理体系，包括健全的基层自治组织、有效的公共服务机制等；而在一些欠发达地区，可能需要进一步提高基层治理能力、改善乡村管理体制、提升公共服务水平。因此，理解和适应不同地区的乡村管理体制或制度的变化，对于推动乡村治理现代化具有重要意义。

总的来说，乡村治理现代化需要考虑和应对不同地区的乡村社会特点和管理体制或制度变化，以实现更加精准和有效的治理。

第四章　乡村治理体系现代化的完善机制

第一节　总体机制："城乡一体化"机制

一、城乡战略布局一体化

（一）完善城乡战略布局一体化机制，促进城市偏向政策向城乡融合政策转向

工业化和城市化的发展确实吸引了大量农村劳动力进入城市从事工业、服务业等各类工作，这对城市经济的发展起到了积极作用。农村劳动力向城市的转移对于城市经济的发展和农村经济结构的调整都具有积极的促进作用，是我国经济转型和城乡发展的重要组成部分。同时，城市的先进技术、管理经验和市场机制也渗透到农村，促进了农村产业的升级和优化。这种城乡要素的流动和优化配置，有利于提高资源的利用效率并促进经济的整体发展。然而，尽管城乡要素流动和优化配置有利于经济发展，但也导致了城乡收入差距的扩大。随着城市工资水平的提高，农村劳动力进入城市就业，收入有所增加，但城市居民的收入水平远远高于农村居民，这导致了城乡收入差距的扩大。地方政府在城市化进程中，往往会追求地区经济发展速度和规模的增长，为了吸引投资和提升地方生产总值，会过度依赖土地开发和城市建设，导致资源配置扭曲和环境污染问题。这种城市偏向政策取向下的资源扭曲，不仅影响了农村公共资源的供给，也加剧了城乡发展的不平衡。随着工业化和城市化的推进，政府加大了对农村基础设施建设和公共服务提升的投入，改善了农村居民的生活条件和福利水平。然而，由于资源有限和政策取向的偏向，农村基础设施和公共服务的水平仍然相对滞后，与城市存在较大差距。

总的来说，改革开放以来，中国的工业化和城市化进程推动了城乡关系的变革，但也带来了一系列新的问题和挑战。未来，需要进一步优化城乡发展政策，加强城乡一体化发展，实现城乡要素的有序流动和优化配置，促进城乡共同繁荣和可持续发展。

（二）完善城乡战略布局一体化机制，促进新型城镇化战略外生动力和乡村振兴战略内生动力的结合

近年来，随着农民进城通道的畅通和下乡资本资源的增加，新型城镇化在一

定程度上解决了农业农村发展滞后的问题。然而，仅依赖外部力量的新型城镇化难以持续推动乡村的健康发展，主要因为未能充分激发农村的内生动力，尤其是未能解决乡村治理的偏离和走样。中央提出了乡村振兴战略，旨在从内部挖掘乡村发展的动力，通过调整政府与农民的关系，激发农民参与乡村建设的积极性和主动性。这一战略不仅有效解决了导致"激励异化"的问题，还促进了下乡资源资金与乡村各发展要素的协同发展，推动了乡村的全面振兴。完善城乡一体化战略布局机制，将外部带动与内生动力结合起来，有助于协同推动农业农村的高质量发展。

（三）完善城乡战略布局一体化机制，促进城乡融合发展"一体两翼"格局的构建

尽管新型城镇化战略和乡村振兴战略在提出时间和侧重领域上有所不同，但它们的共同目标是实现城乡一体化发展。新型城镇化战略主要着眼于以高质量城镇化推动农业农村现代化，而乡村振兴战略则可以通过农业农村发展来支持新型城镇化的推进。因此，急需将这两大战略有机结合，形成以城乡一体化为主体、以新型城镇化和乡村振兴为两翼的"一体两翼"格局。只有统筹推进这两大战略，才能实现城乡融合的全面发展，并在城乡融合过程中真正实现乡村振兴。中国特色乡村治理体系现代化主张完善城乡一体化战略布局一体化机制，这一举措将为解决城乡要素流动不畅、公共资源配置不合理等问题奠定实践基础，对于消除制约城乡融合发展的体制机制障碍、重塑新型城乡关系、推进城乡一体化发展具有重要意义。

二、城乡发展空间融合化

粗放型城镇化的规模扩张加剧了城乡二元结构的矛盾，导致了农村和城市之间的分隔和隔离。在空间上，城乡之间产生了分裂和对立，形成了两个截然不同的空间世界。现代化乡村治理体系需要通过完善城乡战略布局的一体化机制，着重实现城乡发展空间的融合。这意味着塑造城乡融合发展的空间格局将为城乡战略布局的一体化提供空间基础和实现条件。

（一）促进城乡发展空间融合化，需要总体考虑城镇和乡村发展，推进城乡规划统一化

尽管城乡规划的物理载体是土地和空间，但其根本目标是实现经济社会发展的全面协调和可持续，同时改善人的居住环境。经济社会的可持续发展最终要实现人的全面发展。在城乡规划中，人是发展和价值实现的主体，人的素质提升和生产力的提高是持续发展的重要源泉，因此，人的发展应成为城乡规划的核心关注点。为促进城乡发展融合化，应在规划层面实践城市价值与乡村价值共融的内涵。

为推动城乡规划一体化发展，需要重点关注以下三个方面：首先，尽管城镇

化进程加快了人口向城市的流动，但仍有近5亿农村常住人口居住在乡村，他们的生产生活同样需要得到有规划的基础性保障，因此，应考虑未来可能出现的人口逆城市化趋势，提前进行规划布局。其次，从促进"国内大循环"的角度看，未来城乡之间人口流动的速度和数量将增加，需要将交通一体化作为重点系统布局，在规划中重点改善农村地区的道路和水路，构建城乡一体化的高质量交通网络。最后，要完善更合理的建设用地供给机制。建设用地是城镇和产业发展的关键要素，但目前的建设用地供给机制不甚合理，尤其是缺乏与人口城镇化相衔接的建设用地增加机制，导致一些城市出现建设用地的紧约束，同时也产生了一些地方政府对"增减挂钩"等政策工具不当使用的问题。解决之道在于通过公共政策调节、法律法规调整和市场机制配置等方式优化建设用地供给策略，推动建设用地资源配置的集约高效。

（二）促进城乡发展空间融合化，需要优化城乡规划编制工作，保证空间规划的科学性

城乡规划编制的科学性直接影响规划的有效实施。实现城乡发展空间的融合，不仅要将城镇和乡村系统布局，还应制定既能够有效衔接城乡发展战略又能合理指导城乡建设的空间规划蓝图。但是，当前空间规划编制情况并不尽如人意，从空间规划编制的视角，可以窥见乡村治理的深层次问题。空间规划编制的目的应当是为实现民众对更好生产生活期待提供空间保障，但现实中，却成为部分政府官员谋取政绩或利益的工具。应将现代化制度建构全面嵌入城乡规划编制过程之中，通过强化党的领导保证规划为人民服务的价值导向，开放规划编制过程，激活民主机制，限制政府任意调整规划的行为，进而整合村集体共识并使之能够实质性影响规划过程。应激活信息技术等要素，促进空间规划编制的精准性，实现规划编制既体现民主又能够集中，最大限度保证城乡居民的发展利益。

（三）促进城乡发展空间融合化，需要实现城乡空间规划过程法治化，保证空间规划的有效性

目前，城乡空间规划存在一定程度的"人治化"倾向，而"法治化"水平不足，这导致了空间规划的随意性较高，无法有效地引导地区可持续健康发展。为了解决这一问题，需要建立现代化的乡村治理体系，通过加强乡村法治建设，将乡村规划过程纳入法治化的治理框架和轨道。这样做可以保障和维护多元治理主体依法参与规划编制的权利，并通过法律法规来限制地方政府任意修改规划的行为。这样一来，可以确保城乡规划的价值取向得到充分发挥，从而走出规划异化的困境。一方面，需要加强法治在城乡规划编制全过程中的作用。如果没有制度化的刚性规范和程序要求，其他治理主体难以在规划编制中表达意见。通过法律规范、程序和监督，直接约束地方政府审慎对待空间规划的制订，避免政府滥用规划权利与资本合谋侵害农民利益。同时，要充分发挥各级人大在城乡规划编制

过程中的监督作用，确保地方政府不设立其他机制替代人大在规划制定和调整中的作用。另一方面，要通过法律法规提升通过科学规划方法和程序编制空间规划的权威性，使法定的空间规划成为各类发展规划制订的前提与条件，从而约束地方政府的政绩冲动和扭曲行为。在未来，城市和乡村都将继续快速发展，因此，建立健全的法律法规尤为重要，特别是要通过法律法规增强乡村发展规划的约束性，强化生态保护红线、永久基本农田和城镇开发边界的法律保障，以实现城乡可持续一体化发展。

三、城乡服务配置均衡化

城乡服务配置均衡化意味着满足人们生存和发展需求的基本公共产品或服务，如教育、医疗、卫生、社会保障、基础设施和就业服务等，在城乡之间均匀分布，没有明显的城乡差异。当地政府主导的公共服务均衡配置的良好实践必然反映在治理效果上，也就是说，良好的治理必然表现为提供优质的公共服务。

地方政府主导的治理内容往往偏重于经济发展、政绩工程或形象示范项目，其最大关注点通常放在对其自身有利的领域。因此，城乡之间公共配置的非均衡性主要体现在三个方面：一是上级任务导向与群众需求导向的不均衡。政府主导下的乡村治理往往是基于权力驱动而非权利和需求驱动的。这种情况下，公共服务供给往往会走向失衡，导致有些地方政府在完成上级任务的同时忽视了群众真正的需求。二是快速增长与持续发展的不均衡。在扭曲的激励机制下，有些地方政府片面追求财政收入等的高增长，而忽略了对持续发展因素的培育，这导致资源过度消耗，直接影响了乡村的长远发展能力。少数地方政府甚至故意削弱农村公共服务和基础设施的完善，以减少土地征用和开发建设的阻力。三是人的发展与物的发展不均衡。不论中央政策指向如何，少数地方政府往往更倾向于将政策要求转化为形式化的物质建设，而不是将注意力放在人的发展上。

城乡资源配置的不均衡性问题表明公共服务尚未充分内化到乡村治理的日常运行机制中。解决城乡资源配置不均衡的问题需要将"公共服务"从政府理念、口号转变为实际行动，并通过现代化制度的作用转化，实现"城乡服务配置均衡化"的治理目标。

（一）以城市价值与乡村价值的共融为理念，促进城乡服务配置均衡化

政府应制定和实施旨在缩小城乡差距的政策，比如提供财政激励、税收减免和补贴，以促进私人和公共投资流向乡村地区。改善乡村地区的交通、通信、水电供应等基础设施，为乡村发展提供基础保障。这包括提升道路质量、增设公共交通设施、扩大宽带互联网覆盖等。投资乡村教育和医疗卫生设施，提高教育和医疗服务的可获得性和质量，以吸引更多人才留在乡村或吸引城市人才迁移至乡村。鼓励乡村发展多元化经济，包括传统农业外的产业，如乡村旅游、手工艺品制造、小规模制造业等，增加乡村就业机会。建立城市与乡村之间的互动平台，

促进资源、技术、信息和人才的双向流动。城市可以提供市场、技术支持和专业知识，乡村则可以提供农产品、休闲旅游等服务。加强乡村社区治理，提高村民参与决策的程度，鼓励乡村居民参与乡村发展规划和管理，增强社区凝聚力。在促进乡村发展的同时，注重环境保护和生态平衡，确保发展是可持续的。采取环境友好型的发展方式，保护乡村的自然景观和生态系统。利用信息技术和数字工具促进乡村发展，比如通过电子商务平台销售乡村产品，利用远程医疗服务提高乡村医疗水平，利用在线教育资源提升教育质量。通过这些措施，可以促进城乡之间的平衡发展，实现城市价值和乡村价值的共融，最终达到服务配置均衡化的目标。

（二）以"服务型"政府转型为前提，促进城乡服务配置均衡化

以"服务型"政府转型为前提，促进城乡服务配置均衡化的核心在于政府在服务提供中的角色转变，从传统的"管理者"转变为"服务者"和"协调者"。在这一转型过程中，政府需要采取多种措施来确保城乡之间服务的平等化和优质化。服务型政府能够更好地满足城乡居民的需求，促进公共服务的均衡化，缩小城乡之间的差距，推动社会的整体发展。

（三）以现代信息技术运用为方式，促进城乡服务配置均衡化

现代信息技术的运用对于促进城乡服务配置的均衡化有着重要作用。通过智能化、网络化和数字化的手段，可以有效提升乡村地区的服务质量和效率，缩小与城市地区的差距。利用现代信息技术不仅能够提高乡村地区的服务水平，还能促进乡村经济的发展和乡村社会的现代化进程，实现城乡服务配置的均衡化。

第二节　动力机制："互补融合"机制

一、推动工农产业互惠共进

在乡村振兴战略中，"产业兴旺"确实是根本支撑，因为它直接关系到乡村的经济基础和居民的生活质量。重点改善农业的供给结构，提高农业效率和产品质量，这包括引进现代农业技术，比如智能农业、精准农业等，以及优化种植结构、发展特色农业和有机农业等，以提高农产品的市场竞争力。解决农业成本高和规模化经营不足的问题，可以通过改革土地制度来实现，这包括简化土地流转流程、降低土地流转成本、允许农民以土地入股等形式参与农业企业经营等措施，以鼓励更高效的土地使用和规模化经营。除了传统农业之外，还可以发展农村旅游、乡村民宿、农产品深加工、电子商务等新型业态，这些都能成为乡村经济增长的新动力。例如，通过打造田园综合体、美丽乡村等，不仅能够提升乡村的生态环境和居住条件，还能吸引城市居民前往休闲旅游，带动当地经济发展。

乡村治理体系现代化和乡村产业振兴的关键，在于实现城乡一体化和促进城市与乡村之间的互利共赢。这要求我们不仅要关注乡村本身的发展，还要考虑如何将乡村发展融入到更广阔的城市—乡村发展体系中。

（一）以加强城乡市场一体化建设为条件，推动工农产业互惠共进

加强城乡市场一体化建设，对于推动工农产业互惠共进具有重要意义。这不仅能够促进农产品进入城市市场，提高农民收入，还能促使城市的资本、技术和人才等要素资源下乡，支持乡村产业发展。

（二）发达地区乡村以加快产业融合为驱动，促进工农产业互惠共进

在发达地区，乡村产业融合尤其有助于推动工农产业的互惠共进。通过产业融合，可以更好地利用发达地区的技术、资本、人才等资源优势，加速乡村产业的升级和转型。

（三）欠发达地区乡村以要素为基础参与市场分工，促进工农产业互惠共进

欠发达地区的乡村以要素为基础参与市场分工，关键在于有效地识别、开发和利用当地的资源和要素。这里的"要素"通常指的是生产要素，包括自然资源（如土地、水资源）、人力资源、资本和技术等。欠发达地区的乡村可以依托自身的要素优势，有效参与到更广泛的市场分工中，逐步实现经济的增长和乡村的繁荣。

二、促进土地要素平等交换

城乡"互补融合"机制的完善确实需要超越产业要素工农互促的简单框架，进一步深化农村土地制度改革，实现城乡土地要素的平等交换和高效配置。这其中，农村土地制度改革尤为关键，因为它直接影响到农村土地资源的有效利用和农民的利益保障。通过改革措施，可以逐步破除城镇用地与农村用地之间的隔阂，促进土地资源的合理流动和高效利用，实现城乡互补融合的发展目标，使农村地区和农民能够更好地融入到国家和地区的发展大局中，共享发展成果。

（一）完善农用地权利体系，促进农业现代化转型

第一，推进集体产权制度改革。通过明晰集体所有权，以村集体为单位确定归属和利益分享机制，可以增强集体和集体成员对土地资源的控制权。集体农用地资源的资本化、股份化不仅让集体成员明确各自的股份，还增加了土地资源的流动性和灵活性，有利于提高土地资源的利用效率和促进农村集体经济的发展。

第二，完善承包权和经营权分离制度。这一措施可以确保农民的土地承包权利，同时允许土地经营权在符合农民意愿的前提下流转。这样的制度安排有助于适应乡村人口结构的变化和农业农村观念的转变，实现土地资源的更有效配置和利用，促进农业生产的专业化和规模化。

第三，增强经营权的权利强度。确保农业生产的稳定性和持续性对于农业现代化至关重要。取消对流转经营合约进行时间限制的不合理规定，有助于稳定经

营者的长期农业生产预期，激发其持续的农业投资和产品改良意愿，从而推动农业的现代化转型。

第四，发展新型农村集体经济。通过优化农村集体经济组织与市场主体、社会主体的合作机制，可以带动新型农业经营主体的成长，如家庭农场、农业企业、新型农民合作社等。这种多元并存的农村产业发展模式有利于促进集体经济的保值增值和农民持续增收，是推进农村经济发展和城乡融合的重要途径。

这些策略的实施需要政府、市场和社会三方的密切配合和共同努力。政府需要制定和完善相关的法律法规，为这些改革提供制度保障；市场主体和社会主体则需要积极参与到农村土地的经营和管理中，通过创新和合作推动农业和农村经济的发展。同时，确保农民的权益和意愿得到充分尊重和保护，是这一系列改革成功的关键。

（二）推进农村经营性集体建设用地制度改革，逐步实现城乡同地同权

农村经营性集体建设用地制度改革是乡村治理体系现代化的重要组成部分。通过这项改革，可以更有效地利用农村土地资源，促进乡村经济发展，实现农民增收。以下是该改革的几个关键步骤和建议：

第一，清晰界定产权主体。首先需要明确农村集体经营性建设用地的产权归属，包括乡（镇）、村、村民小组等各级主体的产权界限。通过村民代表大会等集体沟通机制来厘清和确认这些界限，保证产权清晰，为后续的利用和交易提供法律依据。

第二，完善权利体系。国家应尽快出台关于农村集体经营性建设用地的管理办法，赋予其与国有土地同等的权利，包括所有权、使用权、经营权、转让权等。这将大大提高农村土地的流动性和经济价值，使其能够更有效地参与市场交易。

第三，建立增值收益分配机制。制定合理的土地增值收益分配机制，确保国家、集体和个人都能从土地的增值中获益。国家可以通过征收资源税等方式获得稳定收入，集体组织可以通过经营、租赁等方式获得收益，而农民个人则可以通过入股分红、集体收益分配等方式分享收益。

第四，增强农村自治组织的权力。在上位规划和总量控制的框架内，赋予农村自治组织更大的内部规划和调整权。这可以使农村集体经营性建设用地的利用更加灵活高效，同时也促进了地方经济的发展和农民收入的增加。

通过这些措施，可以促进农村集体经营性建设用地的有效利用，激活农村土地资源，推动乡村经济的发展。同时，这也有助于实现城乡发展的均衡，促进社会的和谐稳定。在实施这些改革措施时，需要注意保障农民的利益，确保改革过程中农民的权益得到充分的保护，避免因改革而导致农民利益受损。

（三）健全宅基地权利体系，激活村庄转型内生动力

乡村振兴战略的实施与农村土地利用的优化紧密相关，特别是在宅基地的利

用方面。拓展宅基地的多功能性，如结合商业、旅游、民宿等功能，是一种积极的探索方式，可以提高土地利用效率，促进乡村经济发展。同时，城乡土地增减挂钩政策通过转换农村宅基地和城镇建设用地指标，以促进土地资源的合理配置，使农村地区得到有序发展。

宅基地的有偿使用：改革宅基地的分配机制，从无偿分配转向有偿使用，可以有效减少宅基地的闲置和浪费。实行一户一宅原则，并针对现有的一户多宅、违建、超建情况采取一事一议的方式，可以合理地提高宅基地的持有成本，促进多余宅基地的退出。通过村民代表集体协商确定宅基地有偿分配的具体时间和方式，确保过程的公正性和透明度。将土地使用资金主要用于村内基础设施改造或合理分配给集体成员，可以确保资金的有效利用并维护集体成员的共同利益。

改革宅基地资格权制度：资格权的改革旨在促进宅基地与城市居住用地的有效衔接，为宅基地的市场化提供可能。设定合理的资格权期限，并赋予资格权清晰的权利内涵，如有偿退出权、出让权、转让权等，可以提高宅基地的流动性和灵活性。在此过程中，确实存在一定程度的农民失地风险，但通过完善城乡一体的社会保障体系，可以有效化解这一风险，同时保障农民的选择权和发展权。

改革宅基地管理体制：赋予乡镇和村庄更大的权力，根据实际情况科学制订和调整村庄规划，可以提高宅基地管理的灵活性和适应性。这有助于激活村庄现代化转型的内生动力，促进传统宅基地管理方式的转变。

逐步推进宅基地的市场化、法治化改革，不仅可以促进建设用地资源的高效配置，还有助于提升农村地区的整体发展水平。在实施这些改革措施时，需要充分考虑地方特色和农民意愿，确保改革过程中农民的权益得到有效保障，避免由于改革而产生的潜在社会问题。此外，加强宅基地改革的政策指导和监督，确保改革的平稳推进和实施效果，也是确保改革成功的关键。

三、推进城乡人口自由流动

城乡人口的自由流动是促进乡村振兴和城乡一体化发展的重要动力。人口流动不仅有助于优化人口结构，提升人口素质，还能促进土地、产业、资本等资源要素在城乡间的合理配置。在这一过程中，"逆城市化"现象的出现，表明城乡发展动态正处于一个新的转变期。

（一）加快推进与户籍制度相关的系列改革

1.完善农村集体经济组织的成员权制度

农民成员权的核心是将集体资源和权益归属于农民集体成员，确保他们在乡村社会中的基本生活和发展需求得到满足。这一制度有其历史背景和社会基础，对于保护农民权益、维护乡村稳定具有重要作用。然而，随着社会经济的发展和城乡关系的变化，成员权制度也面临着新的挑战和改革的需求。通过改革，可以促进人口双向流动，优化城乡人口结构，激活农村经济，同时保护农民权益，实现城乡的和谐共生与互惠发展。改革过程中需要平衡好新老居民的利益，保障农民的基本生活和发展权利，同时为外来人口融入乡村社会提供便利条件和充分的法律保障。

2.建立城乡一体化的社会保障体系

建立城乡一体化的社会保障体系，以取代基于成员权的差异化社保水平，是推进社会公平正义和乡村现代化治理的重要举措。这一改革不仅能够缓解城乡之间、不同村组集体间的福利差异，还能促进城乡人口的自由流动和社会整体的和谐发展。建立城乡一体化的社会保障体系是促进城乡发展均衡、实现社会公平正义的重要措施。这一体系的目标是消除城乡之间在社会保障方面的差异，确保所有居民无论在城市还是乡村都能享受到均等的社会保障服务。

3.建立城乡一体化的劳动就业制度

构建涵盖城乡的一体化就业体系对达成城乡均衡、推动社会公平与和谐具有关键意义。该体系的目标是打破城乡就业障碍，实现劳动力的畅通无阻流动，并确保每一位劳动者都能在公平的条件下获得就业机会。

（二）确立乡镇以综合服务功能为中心的乡村治理格局

首先，确立乡镇治理的服务本质。确立以服务为本的乡镇治理理念至关重要。"以民为本"的服务型乡镇，旨在全方位推进城镇功能，与乡村振兴战略相辅相成，形成一种新型的乡镇发展方式。在构建服务型乡镇的过程中，不仅要促进乡镇经济的增长，更要重视满足城乡居民在劳动就业、社会保险、融入社会、教育医疗及生活环境等多方面的公共服务需求。如果乡镇无法提供综合性的服务功能，将难以吸引农村人口将其视为城镇化的理想地点，导致青壮年人口继续向大城市集中，这不仅会给大城市带来一定压力，也会削弱乡村产业振兴的持续推进力。因此，将服务型乡镇建设作为核心，全面提升乡镇功能，对于促进城乡居民的自由流动，实现城镇化的持续健康发展以及积累乡村振兴所需的人才、技术和资本等关键要素极为重要。

其次，推动乡镇治理体系现代化。第一，重点要落实精准的乡镇规划，通过制定旨在推进城乡互补整合的规划方案来进行宏观指导，防止发展过程中的盲目性和无序性。当前阶段，我国的乡镇规划应侧重于强化其服务职能，逐步推动城乡发展的平衡以及人口的合理布局，避免规划成为追求政绩的手段而背离其本质。第二，需要加速推进乡镇层面的基层民主建设。长期以来，乡镇未能向服务型转型的根本原因在于其治理模式往往是基于上级的指令或是追求经济利益及政绩，而非社会需求。因此，必须加快乡村治理体系在现代民主制度框架下的发展，逐步推广乡镇的民主直选，确保乡镇政府能持续对社会需求作出回应，通过制度的约束增强其提供社会服务功能的责任感和使命感。第三，要确保乡镇治理的法治化。为了有效实施乡镇的合理规划和加速民主建设，必须确保治理过程依法进行，这样才能有效避免治理中的权力滥用和制度偏离，进而伤害民众利益。同时，也要进一步激发各方面参与的积极性，有序提升乡镇服务功能的质量和效率。

（三）完善以市场调节为手段的人口自由流动机制

人口自由流动机制，指的是一整套促进人口自主迁移的制度安排。目前，政府采取的行政手段依旧占据人口迁移调节的主导地位，这包括动迁补偿、宅基地置换、村落整合等多种迁移模式。在现代化的人口迁移体系中，应当将权利置于核心位置，倡导建立基于市场机制的人口流动机制，使得人口迁移主要依据市场调节，居民可根据就业机会、生活方式、生活成本等因素自行选择居住地点。与传统的行政调控相比，市场化的人口流动更能体现出工具理性与价值理性的和谐统一，特别是对农村人口来说，这样的机制能够更好地保障他们的选择权和参与权，同时促进以人口自由流动为基础的城乡一体化持续发展。

首先，要确保并保护农民的自由流动权。这项权利不仅是市场调节的基础，也是现代乡村治理理念的核心。对农村居民而言，确保他们的自由流动权涉及两个方面：一是保护他们"进城"的权利；二是维护他们选择"不进城"的自由。在现行的户籍等制度桎梏下，农民往往没有真正的自由来决定是否迁徙至城市，他们的迁移更多是地方政府通过行政手段或项目安排来决定的，村民往往是处于一种被动接受的状态。鉴于我国目前还没有建立专门的法规来确保人口的自由迁徙权，地方政府不得不依靠行政手段来调控人口迁移，这是出于无奈的选择。但随着民众对多元利益需求的增长和法律意识的觉醒，仅依赖行政手段来管理人口流动的难度越来越大，社会风险也在不断累积。因此，现代乡村治理系统主张应当尽快完善基于权利保障的市场化人口流动机制，充分发挥人口在促进经济社会可持续发展中的潜力。

其次，要强化市场在调节人口自由流动中的作用。市场机制下的人口自由流动保障需要与服务型乡镇建设紧密结合，通过提升乡镇服务功能的系统性，为人口的自由流动和平衡分布提供支撑。在拉美国家的发展经验中，由于忽略了农村建设和发展，导致农村居民大量涌向大城市，进而引发了严重的城市化问题，并使得经济长期停滞在中等收入水平。通过实施乡村振兴战略，改善农村地区的贫困和落后状况，创造更多就业机会，可为农村居民提供更广泛的选择，使他们既可以选择留在农村工作，也可以选择就近的城镇就业。如果中西部等地区能提供良好的就业前景和社会保障，大部分农村居民自然更愿意留在较近的地方工作，而不是远离家乡，这样也能有效减轻大城市的人口压力，防止人口过度向大城市集中。自由是发展的终极目标和最高价值，"以人为本"的价值观既体现了在个体层面上对"自由"价值的尊重，也确保了人口流动在宏观层面上的合理性和有序性。因此，中国特色的乡村治理现代化需要全面、系统地增强市场在调节人口流动中的保障作用，通过乡村振兴战略来补足农业和农村的短板，开辟更多的乡村盈利空间，推动人口在各区域之间实现更合理的流动和分布。

第三节　保障机制："统筹协调"机制

一、健全统筹协调的工作机制

现代化乡村治理体系的理论提倡建立完善的统筹协调机制，以确保"城乡一体化"总体方案的顺畅实施，并有效激发城乡"互补融合"的内在动力。然而，目前的乡村治理体系呈现出了明显的"碎片化"趋势，不仅在统筹上存在不足，而且在协调方面也显著欠缺。所谓"碎片化"最初用于研究美国的地方政府，主要包含两个方面的含义：一是从地区层面看，指的是根据社会阶层如贫富差异来划分地域，并按此划分来分配不同的公共资源；二是在地方政府层面，指的是由于机构设置繁杂导致许多问题难以界定责任部门。在政治学领域，最早指出政府"碎片化"问题的是美国政治学家李侃如和奥森伯格，他们通过对中国能源部门的决策流程进行研究后发现，中国治理过程中的个人主义色彩较为浓厚，而制度化程度相对较低，改革过程中上级政府将决策权下放给下级政府，这一做法进一步加剧了"碎片化"现象。他们还指出了导致这种情况的几个主要原因：一是由于意识形态的"淡化"，缺少促进政策制定和执行的共同价值观；二是地方政府有追求地方利益的强烈动机；三是信息失真，即下级政府可能会有选择性地向上级报告信息。

当前乡村治理的"碎片化"问题具有结构性特征，这对政府提供公共服务的能力以及推动城乡一体化发展的保障水平带来了消极影响。若不着力解决此问题，地方政府的偏离行为可能会进一步加剧。中国特色乡村治理体系现代化，以"以人民为中心"的价值观为指导，需要完善统筹协调工作机制。首先，要综合统筹乡村治理的发展规划和方案，加强党对发展规划的领导，确保"以人民为中心"的理念深入到规划的各个领域和环节之中，科学地制定相关政策，推进各项政策向规范化、制度化、法律化的方向发展。其次，需要统筹协调政府内部各部门间的关系，建立并完善规划实施和工作推进的机制，确保各部门之间能够实现有效的协同工作。再次，应统筹协调政府与社会之间的关系，提升治理过程中的民主性和参与性，确保民众的诉求能够被政府所听取，并在政府决策中形成有效的监督与问责机制，以此确保政府决策的科学性，合理分配公共资源，并有效提供公共服务。最后，要统筹协调政府与市场之间的关系，在推进产业要素、土地要素、人口要素等方面互补融合的过程中，既要利用市场机制提高产业布局、土地交换和人口流动的效率，又要充分发挥政府在公共服务、社会保障等方面的作用，推动社会公平，同时保障市场机制有效发挥其作用。

二、建立多元参与的决策机制

从完善乡村治理体系现代化机制的角度来看，"城乡一体化"的总体框架为治理确立了方向和共识，"互补融合"的动力机制明确了治理的关键领域。至于"统筹协调"的保障机制，则集中于解答"如何进行治理"的问题。在中国特色的乡村治理现代化中，治理主体不仅限于政府单一主导，而是形成了由多元治理主体共同参与的格局。在这一格局中，关键在于系统性地协调党委与政府、政府与市场、政府与社会之间的关系，这是优化多元治理主体结构的中心所在。通过建立多方参与的决策机制，公共决策成为连接各方的纽带，有助于在实践中优化调整各治理主体之间责任义务的重新分配。在各方的权益博弈和协调中，形成既能体现最大共识价值又真实代表公共利益的公共决策，真正落实"以人民为中心"的核心价值观，使得乡村振兴成为人民的事业，达成乡村的良治。为此，需要在以下方面进行机制完善。

（一）不断培养现代化的公民参与意识

建立多元民主决策机制时，公民参与意识的培养是必须考虑的基础前提，也是各治理主体需要培养的政治素养。公民参与意识的核心在于培育公共精神，包括独立人格、理性思维、公共道德、社会责任感、政治归属感、参与意愿和全球视野等方面。具备公共精神的个体能够对权威和主流观念进行反思和质疑，具有公共关怀的视角，并能将个人利益与公共利益相结合。随着越来越多具备公共精神的个体参与到乡村治理中，乡村的全面和平衡发展将得到促进，乡村各方面的功能将得以提升。为此，应积极构建公民参与乡村治理的平台和通道，加强村民委员会、乡贤、村民及各类经济社会组织之间的横向联系，完善国家、地方和社会各层级之间的纵向协调，将多元主体纳入乡村治理的决策和运作中。特别需要指出的是，政府在扩大市场主体和社会组织参与治理的深度与广度时，应当循序渐进、有序推进，既要保障它们的治理参与权，也需规范它们整合社会诉求的方式和途径，并对其进行专业化的职能划分，对不同主体的功能作用边界进行明确的规范和监督。

（二）不断扩大民众参与公共决策的渠道

民众参与渠道是实现民主决策机制的关键路径，同时也是对民众参与权利的一种维护。构建多元参与的民主决策机制，核心任务是真正地向民众赋权，为其提供参与治理的机会和方法。然而，受长期历史习惯的影响，一些政府部门习惯将民众的参与视为麻烦或干扰，甚至予以压制，这种做法不仅阻碍了民众的有效参与，还侵害了公众的参与权。因此，要想真正实现向民众赋权，就必须将政府权力限定在制度的范围之内，防止政府对社会的过度干预。在现代化乡村治理体系的构建过程中，可以通过确立党委的全面领导体制，利用党委的权威来确保所有改革措施和政策都符合"以人民为中心"的价值导向。同时，通过推进民主制度、基层自治以及乡村法治的建设，促使政府与社会之间的权力关系更加和谐。这样既可以避免改革过程中出现较大波动，又能有效促进决策权从权力中心向民主中心转移，让民众通过正规化而非非正规化的途径参与到公共决策中来。

首先，需要建立健全决策信息的预公开机制，保证决策过程的透明度。其次，要充分利用村民自治的平台，通过村民大会或村民代表会议等制度化的民主协商和决策渠道，有效协调村民间的不同利益诉求。最后，要构建以利益整合为核心的决策机制，注重农民组织的培育及其在代表和整合农民利益中的角色，努力在决策之前形成广泛的利益共识，确保农民的治理参与权得到切实保障，让他们能够对公共决策产生实质性影响。通过这样的方式，确保各项决策都能紧密围绕民众的需求和服务功能进行，这将有助于保障乡村治理沿着全面发展的路径前进。

（三）逐步增强多元参与民主决策的效能

只有通过多元主体共同参与的民主决策过程，才能够确保"城乡一体化"各项机制的科学有效性，并在最大程度上凝聚治理共识，唤醒多元主体的潜在活力，进而系统性和持续性地共同推进乡村振兴。已有讨论指出，全能型政府的存在必然会引起"激励异化"，将本应服务于民众需求的政府职能转变为追求自身利益的政绩导向，市场机制和社会组织的发展也被视为政府谋求私利的手段，而不是治理的终极目标。如今的乡村治理已深受严重的路径依赖之困，处于"内卷化"的困境之中，在现有体制下进行不断的自我复制，导致复杂性加剧，却未能实质性提升治理效能。乡村治理体系的现代化理念强调"国家价值与个人价值的融合"，旨在打造个人利益与集体利益有效对接的新局面，在多元民主决策的实践中挖掘乡村治理的内生动力，逐步提高多元参与民主决策的实效，从根本上解决乡村治理的偏离和畸形问题，促进乡村治理的真正进步与发展。要实现以上目标，首先要确立民生为本的正确政绩观，即视民生福祉为政绩的核心。政府需要积极对外开放，确保民众的需求和诉求能够融入到政府的决策过程中。其次是保护社会组织和市场机制的健康发展，确立民主与法治在社会生活和市场活动中的主导地位，防止政府对市场和社会生活的不当干预。最后，随着公民民主参与意识和能力的不断增强，公民将逐步培养出具有包容性、公共性和明确的权利意识的现代公民素养，能够主动地将个人的成长与国家、社会的发展紧密联系起来，形成一个源于内部动力，能够持续推进乡村治理与发展的有效治理模式，实现政府、市场和社会等多元主体之间的良性互动。

三、完善各类风险的化解机制

乡村治理体系现代化是一个长期且充满挑战的过程。无论是在制度建设的现代化，还是在城乡一体化机制的完善上，都需保持长远的视角和足够的耐心，以合理和有序的方式进行改革与推进。目前，中国正处于经济发展模式从高速增长向高质量发展转变的关键时期，既面临着外部竞争的压力，又要保持内部的稳定，各种风险和挑战的不确定性不断增加，因此，有效应对各类风险挑战显得尤为关键。乡村治理体系现代化的理念强调，在推进乡村改革发展的过程中，需要同步加强对各类风险的防范和化解机制的建设，确保我国乡村振兴战略目标能够一步步稳健实现。

（一）化解粮食安全风险

粮食安全是关乎乡村持续发展和国家长期繁荣稳定的战略性问题，而耕地安全则是保障粮食安全的关键因素。但长期以来，耕地被非法占用和滥用的现象时有发生。例如，一些地区非法占用基本农田进行绿化造林、挖湖造景，或在道路、铁路、河道周边大规模建设绿化带，侵占了大量耕地。尽管我国国土辽阔，但面对14亿多人口的粮食需求，耕地资源实际上是相当紧缺的。因此，保障耕地面积和提高耕地质量，建立健全应对粮食安全风险的机制，为满足基本民生需求提供坚实保障显得尤为重要。近年来，党和政府为遏制耕地的非农化问题，采取了清理整治大棚房、违建别墅和非法占用耕地建房的措施，取得了很好的效果。但是，实践中一些偏向运动式的治理措施因其内在的局限性，难以从根本上解决耕地流失问题，并且还可能引发问题的反弹，这也是耕地被非法占用和滥用现象屡禁不止的根源所在。同时，无序扩张的城镇化和工业园区建设对周围农地和水体造成严重污染，为农产品安全带来了隐患。现代化乡村治理体系提倡通过制度化、法治化手段来解决耕地流失问题，其核心在于明确划定并严格遵守国土空间生态保护红线，并通过立法手段保护这一红线，确保其在法治框架下有效发挥作用。

长期缺乏对生态保护红线的重视，是造成乡村生态环境危机的根本原因，也是传统乡村治理中的一个顽固问题。地方政府没有刚性制度的约束，往往会随意扩张城市开发的范围，占用基本农田用于建设，或在生态敏感区域开发矿产资源，这些行为已对我国的生态安全、粮食安全乃至国土安全造成了严重影响。生态保护红线是调整经济结构、规划产业发展、推进城镇化不可逾越的界限，对确保国家粮食安全具有三重保障作用。首先，需要对生态保护红线、永久基本农田、城镇开发边界三者进行清晰界定和划分，完善这三条红线的管理，确保它们之间不交叉、不重叠、不冲突。其次，要科学有序地推进这三条红线的划定工作，明确国家和地方各级政府的责任，建立三条红线间的矛盾协调机制，同时利用现代科技手段提高划定的精准度和效率。需要注意的是，鉴于我国地域广阔、地方差异显著，追求三条红线的完全固定化既不现实也无必要，更应构建这三条红线的动态调整机制，合理界定其调整的权限、义务、程序和范围，实现共性与个性、稳定性与动态性的有机结合。最后，要加强监督机制，严格守护生态保护红线，建立健全监测和监管体系，有效利用国土空间信息平台，不断提升巡查技术，及时发现并纠正越线行为。

（二）化解农民失地风险

在应对风险挑战时，不仅需要稳固农业这一基础领域，更需稳控农村这一重要阵地。目前，亟待解决的关键问题是如何有效应对农民失地带来的潜在风险。随着城镇化的快速推进，尤其是有些政府依赖"土地财政"带动的经济模式，导致大量农村人口被动向城市迁移的情况亟待解决。特别是在经济波动加剧或遭遇公共危机的情境下，这部分被动迁入城镇的原农村居民因普遍缺乏必要的就业能力而首先受到冲击。若这些人口不能找到返回农村的可能，而是继续留在城市，将对城市的社会稳定构成压力。因此，在我国城镇化进程尚未完全实现之际，不能草率地断绝农村人口进城后的退路，应允许他们在城乡之间自由选择，这既是我国乡村治理的一大特色，也是应对各种风险挑战时的一项重要策略和特殊优势。

解决农民失地问题与推进农村土地改革并不冲突，乡村治理体系现代化倡导建立以确保农民利益为核心的土地流转机制，全面尊重和保护农民的土地权益。同时，要稳妥推进"三块地"的探索和改革，逐步建设全国统一的建设用地市场，释放农村土地资源的活力，通过制度化途径开展农用地使用权的流转试点，推动资源的合理有效配置。在此过程中，现代化乡村治理体系积极发挥乡村民主机制的作用，强化村集体在代表和整合村民利益方面的职能，不仅要充分协调农民的迁移意向，还要能够代表村民与基层政府进行有效沟通，真正参与到土地征用、置换等民主决策的过程中。乡村治理体系现代化还强调以明确的法律法规来界定"公共利益"的征地范围，同时制定征地补偿的价格、方式以及补偿后的社会保障标准，既全面保障农民权益，又有效遏制土地投机行为，体现中国特色社会主义制度的公平与正义。

（三）化解农村集体经济改革风险

发展农村集体所有制经济对于增强乡村产业实力、提高公共服务水平以及引导农民步入共同富裕的道路都至关重要。然而，长期以来，农村集体经济的改革与发展进程相对滞后，同时也缺乏对集体经济管理的有效监管，这导致农村集体所有制经济在运作中潜藏着风险。伴随着城镇化进程的推进，乡村人口结构与人地关系等发生了显著变化，迫切需要对现行的农村集体所有制经济体系进行改革，以适应乡村社会结构的变革，这是当前急需深入思考和研究的关键课题。特别是在农村产业发展和土地改革的大背景下，同步推进农村集体经济的改革，对于促进城乡资源有效流动、确保农民权益以及让农民公平分享改革发展成果都至关重要。然而，在改革过程中，若缺乏有效的风险控制机制，盲目地将集体经济置于市场竞争之中，可能会引发集体资产流失，对农民利益造成损害。

"以人民为中心"的乡村治理体系现代化主要从以下三个方面化解农村集体

经济改革的风险。

第一，在推进改革的过程中，一方面需要调动农民的积极性和内在驱动力，另一方面也要确保改革在可控范围内稳步进行。首先，需要明确农村集体经济改革的价值导向，即坚持通过改革促进集体经济发展，同时保障农民持续增收。其次，要坚决保护和维护农村土地的集体所有权性质，确保农村土地权益不受侵犯。最后，应该将农村集体所有制经济的改革与农村集体经济组织成员权制度的改革有效结合，吸引有能力的人才投身乡村，为农村产业的振兴注入新的活力，从而带动集体经济的全面发展和壮大。

第二，化解农村集体经济改革中的风险需与加强农村集体资产的监管并行，以确保农民的财产权益不受损失。面对农村集体资产管理中存在的问题，如资产经营效率低下、收益分配不透明、分配公正性差、集体成员的收益分配权利缺乏保障等，现代化乡村治理体系致力于对农村集体资产监管制度进行改革和完善：一方面，完善集体资产运营的现代化激励与考核制度，引进类似现代企业的管理人员薪酬机制，将集体资产的经营状况作为管理者考核的重点，将资产的稳定收益与管理者的个人利益挂钩，激励集体资产的增值与创新，有条件的农村集体经济组织还可以引入职业经理人，吸纳更多优秀人才投身于集体经济的发展和管理中，提升资产运营的效率；另一方面，集体经济组织应定期公开财务状况，充分利用村民自治机制实施民主监督，避免集体经济被少数人操控，保障农民广泛参与和监督的权利。政府应建立健全集体资产的核查与审计制度，及时掌握资产的变动情况，监督农民民主权利的实施，对发现的问题及时进行调整和整改。

在化解农村集体经济改革风险的过程中，还需要加强政府的引导作用，以实现政府价值和市场价值的有效协调。这包括建立完善的风险评估机制、投资保险机制、民主协商和管理机制，明确集体经济投资的范围或制定相关的负面清单，确保改革能够稳步有序地推进，并逐步培育出能够在现代市场环境中参与竞争的集体经济组织。发挥集体经济的制度优势，核心在于保护和提升农民的利益。在当前阶段，党委和政府应积极搭建多种平台，推动国有企业与集体经济组织在经济领域的深度合作，为集体经济提供风险较低、收益稳定的投资项目，适度保护和促进各集体经济的成长和成熟，使其逐渐适应和理解市场规则。

（四）化解农业农村生态风险

我国拥有广袤的农村地区，农业与农村的生态环境质量不仅关乎民众健康，也是衡量乡村治理现代化水平的重要指标。然而，在长期存在的城乡二元结构影响下，农业与农村的生态环境保护进展缓慢，导致了诸多生态环境隐患的积累。当前，乡村生态环境面临的风险具有复杂性和隐蔽性的特征。

乡村生态环境面临的污染问题复杂多样，一方面包括化肥、农药等工业化学品对土壤、水源和农作物的污染，另一方面还有因部分农民环保意识不足而导致的生活废水、垃圾等污染问题。同时，乡村生态环境污染具有一定的隐蔽性，广阔的农村地区和较为稀疏的人口分布使得许多污染现象不易被及时发现。即便在发现污染问题后，由于许多农田水利设施和乡镇企业等建设已历经多年，缺少相关的图纸和档案资料，也为追溯污染源头带来了不小的挑战。

近年来，一些农村地区频发的环境污染事件，如"酱油水""血铅"等，已经严重威胁到当地居民的身心健康，并对社会情绪产生了较大的负面影响。虽然近些年各级政府已经开始高度重视乡村环境问题，但当前的乡村治理体系仍存在缺陷，未能构建支持乡村生态环境持续发展的长效机制。例如，地方政府的治理措施往往未能直指污染的根本源头，而是为了应对上级的督查和考核，采取了一些形式化、表面化的措施，这并不利于根本解决农村污染风险问题。现代化乡村治理体系倡导以多元主体参与、内生动力驱动和法治化过程为基础，建立健全农业农村生态环境风险控制体系，以持续改善我国乡村生态环境质量，有效预防和化解重大环境风险，确保乡村生态安全的底线不被突破。

（五）化解农村金融风险

为了支持乡村振兴战略，中央政府强调了将更多的金融资源投向乡村发展的关键领域与弱势环节的重要性，这对于满足乡村振兴的多元化金融需求至关重要。如果没有建立起适应农业和农村特点的农村金融风险化解机制，农村金融发展的生态难以维持可持续性，反而可能导致农村地区面临新一轮的债务风险。

农村金融风险主要分为两类：传统风险和新兴风险。传统风险主要表现为农村金融业务的运营成本高、风险大、信息不对称以及收益与风险不匹配等问题，这导致农村金融业务的不良贷款率普遍高于其他领域。而新兴风险主要来源于银行为了应对过度的竞争和考核压力，存在向村集体经济和农户提供过度信贷的情况，进而引发新的债务风险。为应对这些风险，现代化的乡村治理体系着重推动农村金融改革与市场一体化的有效对接，使资本要素能够与产业、土地和人口要素在市场机制下实现协同发展。为此，需要对现行的投融资体系进行规范，并建立多元化的投资服务平台，以支持农村金融体系的可持续发展。

需要指出的是，政府在实践中还应当减少对银行在农村金融服务方面的行政化考核和对具体扶持项目的微观干预，转而重视建立针对金融风险防范和化解的规范化、制度化机制。这包括充分考虑到不同地区在构建金融支农体系时的差异性和发展过程，从宏观层面完善金融支持农业的监管框架，规范金融机构在融资增信、发起设立以及业务扩展等方面的准入门槛，并加强地方政府在预防和处理金融风险方面的责任。

第五章 多维视域下的乡村治理能力现代化

第一节 数字化背景下乡村治理能力现代化

一、数字时代乡村治理能力现代化需求理论

（一）网络化治理需求理论

网络化治理需求理论是指在信息时代，社会治理出现了网络化的趋势，需要相应的理论来解释和指导网络化治理的实践。网络化治理需求理论是针对信息时代社会治理中出现的新特点和新趋势提出的理论体系，旨在指导社会治理实践向着更加信息化，更具有参与性、透明性、响应性和协同性的方向发展。

（二）数字化治理需求理论

数字化治理需求理论是指在数字化时代，社会治理出现了数字化的趋势，需要相应的理论来解释和指导数字化治理的实践。以下是数字化治理需求理论的主要内容。

信息化需求：数字化治理需求理论强调了社会治理中信息化的需求。随着信息技术的发展和普及，社会各界获取、传播和利用信息的能力不断增强。数字化治理需求理论认为，数字化技术为政府、企业、社会组织和个人之间的信息交流提供了更加便捷和高效的方式，促进了社会治理中信息的流动和共享。

参与性需求：数字化治理需求理论认为，在数字化时代，公民对社会事务的参与意识和能力得到了提升，他们希望能够更加直接地参与决策和管理。因此，数字化治理需求理论强调了社会治理中公民参与的需求，包括建立数字化参与平台、开展在线民意调查和公众讨论等方式，增强公民对社会治理的参与性。

透明度需求：在数字化时代，公众对政府和其他组织的行为更加关注，对信息透明度的要求也越来越高。数字化治理需求理论认为，透明度是建立信任和促进合作的基础，因此强调了社会治理中透明度的需求，包括通过数字化技术公开信息、公开决策过程、公开行政行为等，增强社会治理的透明度和公正性。

智能化需求：随着人工智能和大数据等技术的不断发展，数字化治理需求理论认为，在数字化时代，社会治理需要更加智能化的方式来应对复杂的社会问

题。这包括利用大数据分析、人工智能技术等手段，提高社会治理的智能化水平，更好地解决社会问题和提升治理效能。

安全性需求：数字化治理需求理论认为，在数字化时代，信息安全成为社会治理中的重要问题。数字化技术的广泛应用带来了信息安全的挑战，社会各界对信息安全的保障提出了更高的要求。因此，数字化治理需求理论强调了社会治理中安全性的需求，包括加强信息安全保护、建立网络安全体系等，确保社会治理的安全稳定。

（三）集成化治理需求理论

集成化治理需求理论是指在社会治理领域，随着社会结构、技术手段和治理模式的变革，提出了一种将各种资源和手段集成运用的理论框架。以下是集成化治理需求理论的主要内容。

资源整合需求：集成化治理需求理论强调了在社会治理中对各种资源的整合和协同利用。社会治理涉及多个领域和多种资源，包括政府资源、社会资源、信息资源等，而这些资源之间存在着分散和割裂的现象。因此，集成化治理需求理论认为，需要将各种资源进行整合，形成资源共享、互补和协同的机制，提高资源利用效率和治理效能。

跨部门协同需求：集成化治理需求理论认为，社会治理涉及多个部门和机构之间的协调合作。在过去，各部门之间存在着信息孤岛和职责分割的问题，导致了治理工作的分散和效率低下。因此，集成化治理需求理论强调了跨部门协同的需求，包括建立跨部门沟通机制、制订跨部门合作方案等，实现各部门之间的协同治理。

信息共享需求：在数字化时代，信息化技术的发展为信息共享提供了更多可能。集成化治理需求理论认为，信息共享是社会治理中的关键环节，可以提高信息的及时性、准确性和全面性，促进决策的科学性和精准性。因此，集成化治理需求理论强调了信息共享的需求，包括建立信息共享平台、打破信息壁垒、保障信息安全等，以实现信息资源的共享和利用。

一体化服务需求：集成化治理需求理论认为，社会治理需要提供一体化的服务，满足公众多样化、个性化的需求。传统的治理模式往往是分散的、单一的，无法满足公众多方面的需求。因此，集成化治理需求理论强调了一体化服务的需求，包括建立多功能综合服务平台、提供全方位的服务、打造智慧城市等，为公众提供更加便捷、高效的服务。

智能化管理需求：随着人工智能和大数据等技术的发展，集成化治理需求理论认为，社会治理需要更加智能化的管理方式。智能化管理可以提高治理的精准性和效率，更好地解决社会问题和提升治理水平。因此，集成化治理需求理论强调了智能化管理的需求，包括利用大数据分析、人工智能技术等手段，提高治理的智能化水平，以更好地应对复杂的社会问题。

综上所述，集成化治理需求理论是针对社会治理中资源整合、跨部门协同、信息共享、一体化服务和智能化管理等需求提出的理论框架，旨在指导社会治理实践向着更加集成化、高效化和智能化的方向发展。

考虑到中国地域的广阔和各地乡村的特色差异，单一的治理模式难以适用于所有地区。因此，采用综合性强的治理理论来指导乡村治理工作至关重要。综合性的治理理论可以更好地考虑和平衡不同地区的特点和需求，为各地提供更加灵活和有效的治理方案。这种综合性的理论可以结合网络化治理、集成化治理、数字化治理等多种理论和方法，充分发挥各种治理手段的优势，以促进乡村治理的现代化和可持续发展。

二、数字时代乡村治理能力现代化发展的价值

（一）明确乡村治理定位

乡村治理的定位是指明确乡村治理的目标、职责和方式，以实现乡村社会的稳定、繁荣和可持续发展。以下是明确乡村治理定位的几个方面。

社会稳定与发展：将乡村治理定位为维护社会稳定、促进乡村经济社会发展的重要任务。这包括维护农村社会秩序、促进农村经济增长、改善农民生活水平等。

民主参与与村民自治：将乡村治理定位为加强民主参与和村民自治，强调村民对村务事务的参与和决策权。这涉及建立健全的村民自治组织、推进村民自治制度建设，促进村民自治的全面发展。

法治建设与依法治理：将乡村治理定位为加强法治建设，推动依法治理。这包括强化法律法规在乡村治理中的地位和作用，加强法治宣传教育，建立健全法律法规执行机制等。

精准扶贫与乡村振兴：将乡村治理定位为促进精准扶贫和乡村振兴。这包括制定和完善巩固拓展脱贫攻坚成果同乡村振兴有效衔接的政策措施、改善农村基础设施、加强农村社会保障等。

生态文明与可持续发展：将乡村治理定位为推动生态文明建设和实现乡村可持续发展。这包括加强环境保护、推动农村生态建设、促进农村资源合理利用等。

明确乡村治理的定位有助于指导基层党组织、基层政府、农民自治组织、农民、社会组织等各乡村治理主体更好地开展乡村治理工作，推动乡村社会的全面发展。

（二）优化公共服务效果

提升服务质量：加强公共服务的质量管理，提高服务水平和效率。通过培训提升服务人员的专业素养，建立健全服务评估机制，及时了解服务质量问题并加以改进。

　　加强信息化建设：利用信息技术手段，建立健全公共服务信息化系统，实现信息共享、服务便捷。可以建立统一的服务平台或者App，方便居民查询信息、办理业务等。

　　推进便民利民措施：根据实际需求，制定并落实一系列便民利民政策，如延长服务时间、增设服务点、简化服务流程等，提高服务的便利性和普惠性。

　　强化监督和评估：建立健全公众监督机制，允许公众对公共服务进行监督和评价，促使政府和相关部门提高服务质量和效率。可以通过开设投诉举报渠道、进行满意度调查等方式开展监督和评估。

　　拓展服务渠道：积极拓展公共服务的提供渠道，不仅可以利用线下服务网点，还可以通过互联网、移动平台等方式提供在线服务，满足不同群体的需求。

　　加强跨部门协作：加强政府部门之间的协作配合，打破部门间的信息壁垒，实现资源共享和协同作战，提高公共服务的整体效能。

　　通过以上措施的实施，可以不断提升公共服务的效果，为居民提供更加优质、便捷的服务，促进社会和谐稳定，实现经济发展。

三、数字时代助力乡村治理能力现代化发展的措施

　　（一）深化人才队伍建设，提升现代化治理能力

　　要深化人才队伍建设，提升现代化治理能力，可以采取以下几个方面的措施：第一，组织各类培训班、研讨会，提升人才的专业技能和知识水平。培训内容可以包括政策法规、管理技能、沟通能力等方面，以适应现代化治理的需求。第二，建立健全人才选拔机制，注重选拔具有专业背景和实践经验的人才，确保人选的素质和能力符合岗位需求。第三，制定并实施激励政策，如提高薪酬福利、拓展晋升机会、促进职业发展等，吸引和留住优秀人才。第四，建立人才交流和合作平台，促进各地区、各部门之间的人才资源共享和合作交流，推动人才的流动和成长。第五，建立高效的团队合作机制，强调团队协作和沟通，发挥团队的集体智慧和创造力，提升整体治理能力。第六，加大对年轻人才的培养和引进力度，鼓励他们在现代化治理领域积极探索和创新，为治理工作注入新的活力和动力。第七，鼓励人才参与实际工作和项目实践，通过实践不断积累经验和提升能力，实现理论与实践相结合。

　　通过以上措施的实施，可以不断提升人才队伍的整体素质和现代化治理能力，为推动现代化治理事业的发展提供强有力的人才支撑。

　　（二）改革创新治理观念，构建多组织联动治理机制

　　这是一个非常务实和有效的方向。政府下放管理权责和转变管理理念是适应数字化时代的必然趋势，也是促进乡村治理现代化的关键一步。强调人民在治理中的主导地位是民主治理的核心原则，可以增强民众的参与意识和主动性。要进一步提升社会组织和村民集体的治理认知和能力，通过网络技术优化协同治理平

台，促进信息传递和沟通，增强治理的透明度和民主性。这些举措有助于建立起一个更加开放、民主、高效的乡村治理体系，推动乡村治理不断迈向现代化。

（三）完善基础设施与信息平台建设，夯实核心技术基础

首先，完善乡村信息化基础设施建设是提升现代化治理能力的重要举措。政府可以整合各方资源，优化信息化基础设施的布局，确保资源的合理利用和高效运行。这包括网络设施、数据中心等方面的规划与建设。除了支持第四代移动通信基站的建设外，还应该考虑使用其他技术手段，如卫星通信等，来解决偏远地区的网络覆盖问题，确保乡村所有地区都能够享受到良好的网络服务。政府可以增加资金投入，特别是对于经济欠发达地区，以支持信息化基础设施的建设和运营。同时，可以采取措施降低信息使用费用，如减免税费、提供补贴等，让村民能够更轻松地获取网络服务。除了基础设施建设外，还应该加强对乡村居民的信息化培训和普及工作，提高他们的网络素养和利用信息化资源的能力，以便更好地参与乡村治理和发展。综上所述，完善乡村信息化基础设施建设需要政府的支持和各方的合作，以提升乡村治理的现代化水平，促进乡村的经济发展和社会进步。

其次，需逐步构建覆盖全村的数据信息共享平台，为乡村现代化治理提供更加科学、准确的数据支撑，促进乡村治理的有效实施。政府各职能部门之间的数据共享平台应当建立在统一的数据标准和规范的基础上，以确保数据的准确性、完整性和安全性。这将有助于政府部门之间的信息共享和合作，提高决策效率和服务质量。所构建的乡村治理与农业发展主体间数据共享平台应该包括政府部门、农民、农业企业、专业合作社等不同主体，以促进信息的高效传递和资源共享。政府可以通过开放数据、建立数据交换机制等方式，促进各主体间数据的互通互联，实现信息资源的共享和共赢。在数据共享平台中，可以设置个性化的服务模块，以满足不同主体的需求。比如，政务服务模块可以提供政府各项服务的在线办理功能；公益服务模块可以提供农村公益事业的信息和服务；意见收集模块可以收集农民的意见和建议，促进民意表达和民主参与；社会监督模块可以提供对政府和企业的监督和评价等功能。在建立数据共享平台的过程中，需要加强对数据安全的保护，确保敏感信息不被泄露和滥用。可以采取加密技术、权限管理等措施，提高数据的安全性和可信度。综上所述，建立覆盖农村的数据信息共享平台有助于实现乡村治理的现代化和优化，提高农村发展的整体效率和水平。

（四）健全乡村法治建设，明确数字化治理定位

在完善数据法律体系的过程中，应特别重视个人数据的隐私保护。需制定相关法律法规，规定个人数据的采集、使用、传输和存储必须经过个人同意，并明确个人数据被滥用、泄露等行为的法律责任和处罚措施。

除了落实执法必严、违法必究的原则外，还需要加强执法部门的监督和检查力度，及时发现和打击违法行为。同时，加强对数据滥用和侵权行为的打击力度，提高违法成本，增强法律的威慑力。

鼓励社会组织、媒体和公众对数据安全和数据权益的监督，建立举报和投诉渠道，及时发现和曝光违法行为，促进数据管理和使用的规范化和合法化。

综上所述，通过完善数据法律体系、加强执法力度和加强社会监督，可以有效保护乡村治理数据的安全，维护各方的合法权益，促进乡村治理的现代化和可持续发展。

第二节　"三治融合"视域下乡村治理能力的提升

一、乡村"三治融合"的构成要素：治理类型及其意涵

（一）乡村自治：民主力量与传统习惯的交织

乡村自治扮演着重要的主体地位，是乡村治理的核心内容之一。乡村自治体现了民主的原则和民生的导向，强调村民自我管理、自我服务和自我监督。在这一模式中，乡村自治的实施是基于村民自身的意愿和利益诉求，通过村民大会、村民代表会等形式，让村民直接参与到村务管理中来，实现了民主决策和自治管理。乡村自治的发展也是在法治和德治的指导下进行的。乡村法治通过法律法规的制定和执行，保障了乡村自治的合法性和权益保障；而乡村德治则强调了道德规范和社会信用建设，促进了村民之间的和谐共处和互助合作。乡村自治的延续和发展既有历史的根基，也受到现代民主观念的影响。中国自古以来就有"自己的事情自己做主"的传统，乡村社会的自我管理和自治制度也在历史长河中得到了延续。同时，现代民主观念的兴起也促进了乡村自治制度的发展和完善，使之更加符合现代社会的治理需求和民生诉求。因此，乡村自治在"三治融合"模式中具有重要的地位和作用，这既是传统历史习惯的延续，又是现代民主力量的体现，在促进乡村治理的现代化和民主化进程中发挥着重要作用。

乡绅治理与村民自治在本质上存在着很大的区别。乡绅治理是指古代中国农村社会中由地方上有地位、有势力的乡绅担任治理领导者的一种治理形式，其主要特点是地方性、家族性、等级性和专制性。乡绅治理是建立在封建等级制度和家族关系基础上的，主要是由拥有地位和权力的乡绅家族对农村事务进行管理和控制。而村民自治则是一种基于现代民主原则的自治形式，强调村民的平等地位和民主参与。村民自治的价值指向在于实现村民的自我管理、自我服务和自我教育，让村民成为自己事务的主人。村民自治是指在法治的框架下，通过村民大会、村民代表会等形式，由村民自主选举产生村民委员会，负责管理村务，以保

障村民的合法权益的治理形式。它强调了村民的参与和民主决策，促进了社会资源的合理配置和民主治理的建设。与乡绅治埋相比，村民自治更加符合现代社会的民主要求和社会发展的需要，有利于提高农村居民的自治意识和参与度，推动农村治理的现代化和民主化。

（二）乡村法治：规范力量约束下治理方式的更迭

乡村法治是指在法律和法规的约束下，通过规范化的方式管理和治理乡村事务的过程。这种治理方式的更迭通常反映了社会发展和法律体系的变化，涉及政府职能、村庄组织形式、决策机制、法律体系等方面的调整和更新。

政府职能的演变：乡村法治的更迭首先体现在政府职能的变化上。随着时代的变迁，政府在乡村治理中的角色和职责也在不断调整。传统上，政府可能更多地扮演指导、协调和管理的角色，但随着法治观念的深入，政府在乡村治理中的职能逐渐向依法治理转变，更多地注重依法行政、维护公平正义、保障民众权益等方面。

村庄组织形式的变化：乡村法治的更迭还涉及村庄组织形式的变化。从传统的村民大会、村民代表会议到设立村民委员会、村民理事会等村庄自治组织，再到一些地方推行的村社合一或城乡一体化的新型村庄治理机制，村庄组织形式在法治观念的引导下不断进行着调整和创新。

决策机制的调整：在乡村法治的更迭过程中，决策机制也经历了一系列的调整和改革。传统上，村庄决策可能更多地依靠乡土文化、习俗和长辈的领导，但随着法治观念的普及，决策逐渐向更加规范化、民主化的方向发展，倡导村民代表或村委会等组织参与决策，依法行使自治权利。

法律体系的完善：乡村法治的更迭也反映在法律体系的完善和更新上。随着法律体系的不断健全和完善，乡村法治也得到了更加科学、规范和系统的法律支撑，确保了乡村事务管理的合法性和公正性。

综上所述，乡村法治的更迭是一个动态的过程，反映了社会发展和法律观念的变化。在规范力量的约束下，乡村治理方式不断更新和调整，以适应时代的发展和社会的需求。

（三）乡村德治：柔性力量对硬治理不足的弥补

法治和德治在乡村治理中都具有重要作用，但它们各自的特点和作用范围有所不同。法治的权威性确保了社会秩序的稳定，但其刚性有时难以适应复杂多变的社会关系。相比之下，德治更注重的是社会道德和文化的引导，可以填补法治的不足，弥合治理过程中的空白和盲点。

在乡村治理中，法治和德治不是彼此割裂、互不相干的，而是相辅相成、相互融合的。在推进乡村善治的过程中，需要将法治与德治有机结合起来，充分发挥二者的优势，为实现乡村治理的现代化和提升村民生活质量作出积极贡献。

二、乡村"三治融合"的实践诉求：治理能力提升与诉求指向

（一）参与均衡：乡村自治能力提升的诉求指向

在乡政村治的制度架构下，尽管民主选举已经有效激发了村民参与民主治理活动的积极性，但在决策和管理过程中，农民的参与度不足确实是一个问题。为了提升乡村自治能力，培育乡村公民社会至关重要。

培育乡村公民社会意味着加强农村居民的组织能力和公民参与意识，使他们能够更积极地参与到村级事务的决策和管理中。这可以通过以下方式实现。

加强公民教育：提升农村居民的法律意识、公民意识和社会责任感，让他们了解自己的权利和义务，以及如何有效地参与到村级事务中去。

建立多元化的参与渠道：除了民主选举外，还应设立各种参与村级事务的渠道，如居民议事会、村民议事厅、小马扎议事会等，以便更广泛地听取农民的意见和建议。

加强村民自治组织建设：鼓励农村居民组建各种类型的社会组织，如村民自治委员会、农民合作社等，以便他们更好地参与村级事务的管理和决策。

提高政府透明度和问责制度：政府应当及时向村民公开相关信息，保障农民的知情权，同时建立健全的问责机制，对决策和管理不当的情况进行监督和纠正。

通过以上措施，可以促进乡村公民社会的建设，增强农民参与村级事务的意愿和能力，从而提升乡村自治能力，实现村民自治的目标。

当前村庄公共参与中存在的非均衡现象，也是需要引起重视并加以改善的问题。非均衡的公共参与可能会导致村庄治理的不公平和不透明，影响村民对治理的信任度，进而阻碍乡村公民社会的发育和乡村治理的民主化进程。为了解决这一问题，可以采取以下措施。

平衡选举阶段和治理阶段的参与：除了在选举阶段广泛征求村民的意见并保障村民的选举权外，还应该在治理阶段积极倡导村民参与决策、管理和监督，确保村民在整个治理过程中都能够参与并发挥作用。

平衡输出性参与和输入性参与：除了向村民传递信息、公布决策结果，还应该鼓励村民提出建议、意见和诉求，确保他们的声音能够被充分传达和听取，从而形成真正意义上的双向沟通。

平衡角色化参与和实质性参与：除了让村民在治理中担任各种角色外，还应该重视他们的实质性参与，即他们对村庄事务的真正影响力和决策权，确保村民的参与不仅是形式上的，而且是实质性的。

此外，还可以加强村民参与能力的培养，提高他们对村庄事务的认知水平和组织能力，从而更好地参与到村庄治理中去。通过这些措施，可以逐步改善村民公共参与的非均衡现象，促进乡村治理的民主化和公正性，推动乡村公民社会的

健康发展。

（二）权威转化：乡村法治能力提升的诉求指向

权威转化，即权威性的转变和传递，指的是在乡村法治能力提升中，由精英权威向制度权威转变和传递的过程。通过权威转化，可以实现乡村法治能力的提升，促进乡村治理体系的健康发展，实现乡村社会的稳定和繁荣。

在乡村治理中，乡村精英权威具有重要功能。他们可能在村级组织中扮演领导角色，拥有丰富的经验和资源，可以为乡村治理提供指导和支持。然而，从长远来看，乡村治理的权威应基于法治体系和规范化的制度，而不是个别精英的个人权威，乡村法治能力的提升需要精英权威向制度权威的转化。这样的转化有助于平衡各主体利益，规范行为，促进乡村良好秩序的达成，提升法治能力，实现乡村治理的有序性和稳定性。以下是一些推动这种转化的途径和措施。

建立健全的法治体系：加强乡村法治建设，制定和完善相关法律法规、规章制度，确保法治在乡村治理中的权威地位。

加强制度建设和执行：推动乡村制度建设，建立规范的乡村治理制度和程序，加强对制度执行的监督和评估，确保制度的有效执行。

加强乡村治理的民主化和透明化：增加村民对决策的参与度，加强决策过程的公开和透明，使村民能够更好地理解和认同制度，从而形成制度的权威。

加强教育和宣传：加强对乡村法治建设和制度建设的宣传教育，增强村民对法治的认知和信任，提高他们对制度的尊重和遵守意识。

培育制度信仰和文化认同：培育乡村社会对法治制度的信仰和文化认同，使之成为乡村治理的价值共识和行为准则。

通过以上措施的实施，可以逐步实现乡村治理的制度化和法治化，促进制度权威的形成和巩固，提升乡村治理的法治水平，确保乡村社会治理的有序性、稳定性和发展性。

（三）乡贤培育：乡村德治能力提升的诉求指向

中国农村地域广袤、村庄情况多样，因此在推进农村发展和治理方面，需要因地制宜，充分考虑当地的实际情况和特色。法律制度在农村发展中具有重要的指导作用，但在实践中，单一依赖法律制度可能无法覆盖所有情况，需要结合非传统的治理渠道来弥补不足。在农村，每个地区的村庄都有其独特的地方性知识、文化传统和习俗，了解并利用这些地方性知识对于制定符合当地实际情况的治理政策和措施至关重要。这种因地制宜的做法有助于增强治理的针对性和可操作性。除了法律制度外，非正式治理也是农村治理中重要的组成部分。利用当地的文化资源、德治资源和习俗传统，可以建立起一些非正式的治理渠道，如村民自治组织、传统村规民约等，以弥补传统治理在地方契合性不足的情况，提高治理的灵活性和适应性。结合地方实际情况，挖掘本地资源、文化和传统，有助于增强村庄治理的灵活性和效能。通过灵活运用各种治理手段，可以更好地解决当地面临的问题，推动农村经济社会的发展。

乡贤文化的形成：乡贤文化是在中国封建社会政治制度的影响下逐渐形成的。在封建社会中，由于地方政权的相对独立性和官府权力的有限下沉，乡村地区的治理需要依赖地方士绅的力量来维持秩序和管理事务。乡贤作为地方士绅的代表，承担了乡村社会自主治理的重要责任。

儒家文化的影响：在中国的封建社会中，儒家文化是主导性的文化形态。儒家思想强调仁爱、孝道、礼仪等传统价值观念，在乡村社会中得到了广泛传播和应用。乡贤作为地方精英，往往受到儒家思想的影响，以儒家价值观为指导，承担起了社会道德教化和价值观引领的角色。

乡贤文化的传承：尽管中国社会经历了巨大的变革，但乡贤文化仍然在一定程度上保留并传承下来。现代乡村治理中，乡贤仍然承担着重要的角色，他们通过参与村务管理、社会公益活动等方式，继续发扬和传承乡贤文化的精神。

新时期乡贤文化应当体现社会主义核心价值观的理念和要求。这包括弘扬爱国主义、集体主义、社会公德、诚信等价值观念，促进村民之间的团结合作、互助共享，推动乡村社会的文明进步和发展。建设新乡贤队伍需要注重选拔和培养具有社会责任感、爱心和公益意识的村民，他们应当具备良好的道德品质、丰富的社会经验和领导能力，能够为乡村治理和发展贡献智慧和力量。新乡贤群体在乡村治理中发挥着积极作用，他们通过提高村民之间的互动水平、加强信任基础、降低交易成本等方式，促进村庄社会的和谐稳定和文明建设。他们还能够引领村民树立正确的社会观念和行为规范，推动乡村的经济繁荣和社会进步。新乡贤群体对家乡怀有深厚的情感，这种情感纽带使他们更加关心和关注家乡的发展。他们不仅是家乡的代表，也是家乡发展的推动者和建设者，在推进乡村治理现代化和乡村振兴中发挥着重要作用。

综上所述，新时期乡贤文化的发展需要紧密结合社会主义核心价值观，注重培育新一代乡村领军人才，充分发挥乡贤群体在乡村治理和发展中的积极作用，推动乡村德治能力提升，实现乡村治理的良性循环和可持续发展。

三、乡村自治能力提升之维：促进村民公共参与的均衡化

随着村民自治制度的推进，农民群体的治理主体意识、参与意识和权利意识逐渐被唤醒。他们开始意识到自己在村庄事务中的重要性，并开始积极参与村级治理和公共事务。村民自治制度的实施不仅提高了农民的政治参与意识，也促进了他们的能力提升。农民在独立思考、生产经营、参与村务、维护权利等方面的能力得到了一定程度的提升，这使他们能够更好地参与村庄事务并维护自己的权益。当前，乡村自治能力的提升需要进一步促进广大村民公共参与的均衡化。这意味着不仅要加强村民的政治参与，还要加强农民在社会经济、文化等方面的参

与，确保不同群体的利益得到平等对待和充分保障。村民自治制度的实施唤醒了农民的权利意识和参与意识，提升了他们的能力水平。当前，进一步促进广大村民公共参与的均衡化是提升乡村自治能力的重要举措，也是实现农村治理现代化和乡村振兴的关键路径。

（一）选举阶段参与和治理阶段参与的均衡

在选举前，基层党组织、村民自治组织等主体可以加强宣传，提高选民对选举重要性的认识和参与意愿。通过广泛的宣传活动，普及选举知识，激发选民的参与热情，确保选举过程的公开、公平和透明。在选举阶段，建立候选人资格审查机制，确保候选人具备必要的资格和能力，减少不符合条件候选人的参选，从而提高选民对候选人的信任度和投票积极性。

在治理阶段，基层党组织、基层政府、村民自治组织和社会组织应该积极主动地为普通村民提供参与治理的条件和机会。主要措施如下：加强村民自治组织和村民代表大会建设，增强其代表性和公信力，使其成为普通村民参与治理的有效平台；提供村庄公共事务的相关信息，包括决策议程、相关文件和资料等，让普通村民充分了解村庄事务的进展和决策的依据，增强其参与的主动性和理解力；支持和鼓励普通村民自发成立村民志愿组织或利用现有的社会组织，如村民理事会、志愿者团体等，为普通村民提供参与村庄治理的平台和机会，可以通过举办座谈会、听证会、公民论坛等形式，让普通村民就重大事务提出意见和建议，确保他们的声音得到充分听取和重视；在制定村规民约的过程中，应当广泛征求普通村民的意见和建议，让普通村民参与到规定村庄生活秩序和行为规范的过程中，增强其对规章制度的认同感和遵从性；鼓励普通村民积极参与对村庄事务的监督，如设立村民监督委员会或者通过举办村民监督活动等方式，监督村级公共权力的行使，防止滥用职权和权力腐败现象的发生。通过以上措施，可以加强普通村民在村庄治理中的参与度，提升村庄治理的民主性和公共性，实现村庄治理的科学决策和有效运行。同时，加强基层组织的组织能力和服务水平，提升普通村民参与治理的便利性和舒适度。建立健全的法律法规体系，加强对村民参与权利的保护和维护，确保普通村民在治理过程中享有平等的权利和地位。

通过以上措施，可以促进选举阶段参与和治理阶段参与的均衡，确保村民的参与权利得到有效保障，进而实现乡村治理的民主化和公正化。

（二）输出性参与和输入性参与的均衡

在乡村治理中，输出性参与和输入性参与的均衡是确保治理效果和民主合法性的重要方面。这两种类型的参与有助于确保决策的代表性、民意的表达和治理的有效性。下面对输出性参与和输入性参与进行简要解释。

输出性参与：输出性参与是指公民通过投票、选举、参加公共会议、提出意见和建议等方式，向党和政府或相关机构提供信息和意见。这种参与形式强调公民对治理决策的直接参与，以及他们对政策和决策的表达和影响。

输入性参与：输入性参与是指党和政府或相关机构向公民提供信息、意见收集平台和参与机会，以便公民能够了解政府决策的过程和内容，并参与其中。这种参与形式注重党和政府主动向公民提供参与条件和机会，以促进决策的合法性和可信度。

要实现输出性参与和输入性参与的均衡，可以采取以下措施。

信息公开和透明：党和政府应当及时公开决策过程和内容，给公民提供充足的信息，使其能够了解决策的背景和影响，从而更好地参与决策过程。

民主决策机制：建立民主决策机制，包括公民投票、听证会、民意调查等，让公民直接参与决策，并确保他们的意见得到充分考虑。

公民教育和参与意识培养：加强公民教育，提高公民参与治理的意识和能力，鼓励他们积极参与到社区事务和公共事务中。

建立有效的反馈机制：建立党委政府和公民之间的有效沟通和反馈机制，及时回应公民提出的问题和建议，增强公民对治理过程的信任感和满意度。

通过这些措施，可以实现输出性参与和输入性参与的均衡，促进乡村治理的民主化、透明化和有效性。

（三）角色化参与和实质性参与的均衡

角色化参与和实质性参与的均衡是确保治理过程中各方充分参与并有效发挥作用的重要原则。这两种类型的参与相辅相成，二者有效地结合可以促进治理决策的民主性、科学性和合法性。下面对角色化参与和实质性参与进行简要解释。

角色化参与：角色化参与是指公民按照其在社会组织、机构或群体中所扮演的角色，通过代表机构或组织参与治理活动。这种参与形式强调代表性和机构化，例如通过选举产生的代表机构、委员会或协会等参与决策过程。

实质性参与：实质性参与是指公民在治理过程中直接参与并对决策产生实质性影响的方式。这种参与形式注重公民的个体意志和行动，强调他们能够直接影响和改变治理决策的内容和结果。

要实现角色化参与和实质性参与的均衡，可以采取以下措施。

建立代表性机构：建立代表性机构，如村民代表大会、业主委员会等，通过选举产生代表，让公民通过代表机构参与治理决策，并确保代表机构能够真实反映民意。

开展公民参与活动：党组织、政府和社会组织可以开展各种形式的公民参与活动，包括座谈会、听证会、意见征集等，让公民直接参与到决策过程中，表达自己的意见和诉求。

加强公众教育和参与意识培养：加强公众教育，提高公民对治理参与的认识和意识，鼓励他们积极参与到社区事务和公共事务中，发挥自己的作用。

建立有效的反馈机制：建立政府和公民之间的有效沟通和反馈机制，确保公民的意见能够得到及时反馈和回应，增强公民对治理决策的信任感和满意度。

通过这些措施，可以实现角色化参与和实质性参与的均衡，促进治理过程的民主化、透明化和有效性。

四、乡村法治能力提升之维：精英权威向制度权威的转化

精英权威指的是社会中具有高度影响力和权势的个人或群体，他们通常凭借自身的智慧、才华、地位或财富等因素，影响着社会的发展和变革。制度权威则是指由法律、规章制度等形成的权威，它依托于制度体系，具有长期性、稳定性和普遍性的特点，对社会成员的行为和规范起着重要的引导和约束作用。这两种权威形式相互交织、相互依存，在不同的历史时期和社会环境中发挥着各自的作用，共同推动了社会的进步和发展。

（一）精英权威与制度权威的运行走向

精英权威与制度权威的运行走向是一个动态的过程，在不同的社会和历史背景下会呈现出不同的趋势。一般来说，随着社会的发展和民主治理的推进，制度权威逐渐成为主导力量，而精英权威则逐步向辅助和服从制度权威的方向发展。

制度权威的稳定性和普遍性使其在社会中具有较高的公信力和影响力，因为它是通过共识和程序建立起来的，代表着公共意志和集体利益。随着制度的完善和民主程序的健全，人们对制度的信任和尊重逐渐增强，从而使得制度权威在社会治理中的地位更加稳固。

而精英权威则逐渐转向更多地服从于制度权威。尽管精英群体通常拥有丰富的知识、经验和资源，可以在特定领域内发挥重要作用，但其权威通常是个人或少数人所拥有的，缺乏普遍性和公正性。随着民主制度的深化和公众意识的提高，人们对精英权威的绝对性信任无疑会减弱，精英在决策和领导中的作用更多地受到制度的规范和监督。

总的来说，制度权威与精英权威的运行走向应该是相互促进、相互补充的。制度权威的健全和稳定有助于规范和约束精英行为，而精英的专业知识和领导能力也可以为制度的运行提供支持和帮助。在良好的制度框架下，精英权威与制度权威共同推动着社会的发展和进步。

（二）依托制度权威推进乡村治理法治化

在乡村治理中，制度权威扮演着重要角色，它是公共权威的集体表现，体现了法治原则和规范。依托制度权威推进乡村治理法治化是实现农村社会稳定和发展的关键举措。这意味着可以通过建立健全的法律体系和规范性制度，强化法治意识，促进法律的全面贯彻执行，从而实现乡村治理的规范化、有序化和民主化。通过建立健全的法律制度和规章制度，明确村级组织的职责、权利和义务，规范村务管理的程序和方法，可以有效地约束和规范各类行为，维护农村社会秩序。

推进乡村治理法治化还需要加强法律宣传教育，提升村民的法治意识和法律素养，使他们能够依法行事，维护自身权益，参与治理决策。同时，建立健全村级司法机构和纠纷解决机制，为农村居民提供法律援助和纠纷调解服务，增强法律的可及性和公正性，提升乡村治理的法治化水平。

此外，还应该加强对村干部和精英群体的法治教育和监督，规范其行为举止，防止权力滥用和腐败行为的发生，维护社会的公平正义和稳定发展。

通过以上措施的综合推进，可以实现乡村治理的法治化，为农村社会的长期稳定和可持续发展提供坚实的制度保障。

第三节　共同富裕视域下乡村治理能力的提升

一、乡村治理与共同富裕的逻辑关系

确保乡村治理的有效性和共同富裕目标的实现是当前乡村工作的重要任务，需要党和政府、广大农民、社会组织等主体的共同努力，以形成合力，加快实现乡村振兴和共同富裕的目标。

（一）有效乡村治理是共同富裕的保障和支撑

资源配置与公共服务：有效的乡村治理可以促进资源的合理配置和公共服务的均等提供。这意味着能够更好地利用乡村的资源，包括土地、劳动力和资金等，并为乡村居民提供基本的教育、医疗、交通等公共服务，从而提高他们的生活质量。

产业发展与就业机会：有效的乡村治理可以通过引导和支持乡村产业的发展为农民创造更多的就业机会。这包括发展农业、乡村旅游、农产品加工等产业，提供更多的就业机会并增加居民的收入来源，从而促进共同富裕。

社会公平与保障体系：有效的乡村治理可以建立更加公平和健全的社会保障体系，保障农村居民的基本权益和福利。这包括建立健全的农村社会保险制度、医疗保障制度、养老保障制度等，为农村居民提供更好的保障和福利。

环境保护与可持续发展：有效的乡村治理也包括对环境保护和可持续发展的考量。通过加强环境监管和保护、规范农村生产活动，保护好生态环境和资源，可以为农村居民提供更好的生活环境和发展空间。

社会稳定与民生改善：最重要的是，有效的乡村治理可以促进社会稳定和民生改善。通过解决农村居民的实际困难和问题，提高他们的获得感和幸福感，实现共同富裕的目标。

因此，有效的乡村治理是实现共同富裕的关键，它不仅为乡村居民提供了更好的发展机会和保障，也为乡村的长期稳定和可持续发展奠定了基础。

（二）实现共同富裕是乡村治理的目标和动力

共同富裕意味着不断缩小城乡、区域之间的发展差距，实现全体人民共同分享社会发展成果的目标。在乡村治理中，这一目标驱动着各项政策和措施的制定与实施。

乡村治理以实现共同富裕为目标，不断推动改革创新，加强政策扶持和资源配置，促进农村经济社会的全面发展。党和政府、社会组织、企业以及广大村民积极参与，共同努力推动乡村发展，提高农民生活水平，增强乡村社会的凝聚力和活力。

共同富裕的实现也是乡村治理不断提升的动力源泉。为了实现共同富裕目标，乡村治理需要不断改进和完善，加强制度建设，提高治理能力和水平。在推动共同富裕的过程中，乡村治理要不断反思和总结经验教训，不断优化政策措施，促进乡村治理的科学化、法治化、民主化发展，为乡村社会的长期稳定和繁荣提供坚实保障。

（三）二者共同服务于满足广大农民群众对美好生活的需要

乡村治理致力于优化农村社会环境，提高基础设施建设水平，促进经济发展，改善民生福祉，为农民提供更好的生活条件和发展机会。共同富裕则是一种社会发展目标，旨在实现全体人民共同分享社会发展成果，让每个农民都能享受到经济、社会、文化等各个方面的美好生活。

乡村治理通过改善农村社会环境、加强基础设施建设、提供公共服务等方式，为农民创造了更好的生活条件。例如，改善道路交通、供水供电、医疗卫生等基础设施，提高农村教育水平，扶持农村产业发展，都是乡村治理的重要举措，旨在满足农民群众对美好生活的需要。

同时，共同富裕作为一种发展目标，也为乡村治理提供了方向和动力。乡村治理在推进共同富裕的过程中，更加关注农民的实际需求，加强与农民的沟通和互动，优化政策措施，确保农民能够分享到社会发展的成果，享受到美好生活。

二、共同富裕视域下乡村治理能力提升的实现路径

通过着力解决经济文化协调发展、构建治理共同体、完善协商民主机制、深度融入数字技术等方面的问题，可以全面提升乡村治理能力，推动乡村实现共同富裕的目标。

（一）推动经济文化协调发展，夯实乡村治理基础

1.促进农民持续增收致富

①发展农村集体经济，推动村级集体经济提质增效，创造更多就业机会，帮助农民增加收入。②开拓农民持续增收渠道，通过产业发展、产权改革等措施为农民提供稳定增收来源。③加强农民就业技能培训，提高农民的职业素养和就业

能力，特别是关注对低收入群体的培训和帮扶。④支持和鼓励农民工返乡创业，为其提供良好的创业环境和支持政策，充分发挥他们在乡村振兴中的作用。

2.加快推进乡风文明建设

通过建设现代化的乡村公共活动空间，农民可以参与各种文化活动，增强乡风文明的内生动力。结合移风易俗行动和其他活动，可以引导农民树立正确的价值观念，促进文明乡风的形成和传承。同时，满足农民群众多样化的精神文化需求，特别是要挖掘本土优秀传统文化资源，进一步凝聚人心、增强社区凝聚力，为提升乡村治理能力提供文化支撑。这些措施的实施将有助于打造和谐稳定、文明进步的乡村社会环境，推动乡村振兴战略的实施。

3.提升公共服务均等化水平

①加强基础设施建设，包括道路、供水、供电等基础设施建设，确保每个村庄都能够享受到基本的公共服务。②提升教育和医疗水平，全面加强农村地区学校和医疗机构建设，提供优质的教育和医疗资源，确保农民能够享受到与城市相当的教育和医疗服务。③加强社会保障体系建设，包括农村养老、医疗等社会保障制度建设，为农民提供更加全面的社会保障服务。④推进数字化乡村建设，利用信息技术手段提升公共服务的效率和便捷性，实现信息共享和服务普惠。⑤加强对弱势群体的关爱和帮扶，重点关注老年群体、残障人士、留守儿童等特殊群体，确保他们能够享受到公共服务的均等化待遇。

（二）打造乡村治理共同体，提升共建共治共享水平

1.加强农村基层党组织建设，发挥其引领致富的领导作用

当前，农村基层党组织在我国乡村治理中扮演着至关重要的领导角色。为了确保这一角色作用的发挥，我们需要采取以下措施。

选派合适的乡村治理带头人：确保村干部具备善学习、政治强、业务精、作风正等素质，让心怀实现共同富裕目标的人员担任带头人。这些人员应当了解农民的诉求与期盼，愿意以农民美好生活需要为奋斗目标，从而更好地服务于国家共同富裕战略。

强化基层党建工作保障：将基层党组织嵌入乡村社会各组织实体，增强乡村治理共同体的协同行动能力。具体措施包括打造农村基层党建示范站点、规范村级党组织活动场所、严格干部考核、加强教育培训、规范党员发展等。这些举措将有助于更好地发挥党建在引领乡村治理、带动农民共同致富方面的作用。

2.培育治理共同体意识，增进实现共同富裕的价值认同

培育治理共同体意识，增进实现共同富裕的价值认同是当前乡村治理的重要任务。具体要做到以下几个方面：①加强宣传教育。通过各种形式的宣传教育，深入浅出地向广大农民普及共同富裕的理念和重要性，引导他们认识到共同富裕是全体农民的共同愿望和责任，进而形成共同的价值认同。②激发共同体责

感。组织开展各类集体活动和志愿服务，让农民通过实际行动参与乡村治理和共建共治，增强他们的责任感和归属感，从而进一步形成对共同富裕目标的认同。③建立多层次、多领域的共同体平台，包括村民自治组织、村民议事会等，为农民提供参与决策、监督管理的机会，促进他们在乡村治理中的主体地位和参与意识。④加强交流互动。组织开展各类培训、座谈会、经验交流等活动，让农民之间加强沟通交流，分享治理经验和共同富裕的实践成果，增进他们之间的理解和信任，以形成更加紧密的共同体意识。

3.完善治理主体和手段，增强多元主体助推共同富裕的合力

为增强多元主体助推共同富裕的合力，需要完善治理主体和手段，具体措施包括以下措施。

多元主体参与：鼓励并吸引各方力量参与乡村治理，包括农民、村民自治组织、行业协会、社会组织、企业等，形成多元参与的治理格局。

建立协同机制：建立党和政府、企业、社会组织等多元主体之间的协同机制，加强信息共享、资源整合和合作配合，形成协同治理的工作机制。

推动民主决策：在制定政策和规划时，积极采纳各方意见，通过民主决策的方式促进多元主体的参与，增强政策的可行性和合理性。

加强基层组织建设：加强基层社区和村民自治组织建设，发挥其在调解纠纷、服务群众、组织动员等方面的作用，增强基层治理的有效性和民主性。

创新治理手段：借助信息化技术、大数据分析等现代手段，提升治理效率和精准度，加强对农村经济、社会、环境等方面的监测和预警，为共同富裕提供科学支撑。

通过完善治理主体和手段，充分发挥多元主体的作用，促进各方共同参与和努力，才能更好地推动共同富裕目标的实现。

（三）完善协商民主机制，提高乡村治理民主化水平

完善协商民主机制，提高乡村治理民主化水平，是新时代乡村振兴战略实施的重要任务之一。乡村治理是国家治理体系的重要组成部分，而协商民主则是乡村治理中不可或缺的一环。通过完善协商民主机制，可以有效促进乡村社会和谐稳定，增强村民自治能力，推动乡村经济社会全面发展。

1.完善协商民主机制需要建立健全的协商平台

在乡村治理中，应建立多层次、多渠道的协商平台，包括村民会议、村民代表会议、村民议事会等，确保村民能够充分表达意见和诉求。同时，还应鼓励和支持社会组织、企业等参与乡村治理协商，形成多元共治的良好格局。

2.完善协商民主机制需要明确协商内容和程序

在协商过程中，应明确协商的议题、目的和范围，确保协商内容符合法律法规和政策要求。同时，还应制定科学合理的协商程序，确保协商过程公开、公

正、透明，充分保障村民的知情权、参与权和监督权。

3.完善协商民主机制需要培养村民的协商意识和能力

在乡村治理中，应加强对村民的协商意识教育，引导村民树立理性、包容、协商的治理理念。同时，还应加强村民的协商能力培训，提高村民在协商中的表达能力、沟通能力和协调能力，确保村民能够在协商中发挥积极作用。

4.完善协商民主机制需要加强制度建设

在乡村治理中，应建立健全的协商民主制度，包括协商成果的落实机制、监督机制等，确保协商成果得到有效执行和落实。同时，还应加强对协商民主机制的监督和管理，及时发现和解决协商中存在的问题和不足，推动协商民主机制不断完善和发展。

5.完善协商民主机制需要发挥政府的主导作用

在乡村治理中，政府应发挥主导作用，加强对协商民主机制的指导和支持。政府应建立健全的协商民主工作机制，加强与村民的沟通和联系，及时了解村民的意见和诉求，为协商民主机制的完善提供有力保障。同时，政府还应加强对协商民主机制的宣传和推广，提高村民对协商民主机制的认识和认同度，推动乡村治理民主化水平的不断提高。

（四）强化数字技术赋能，增强乡村治理效能

数字技术的应用对乡村治理模式和方式的变革起到关键作用，对推动乡村治理的现代化和共同富裕目标的实现具有重要意义。以下是从数字基础设施、人才培养和平台建设等方面提升乡村治理效能的建议。

数字基础设施建设：加强乡村数字基础设施建设，包括完善乡村网络覆盖、提高数字化设备普及率、建设信息化平台等，为数字治理提供坚实的基础支撑。

人才培养：加强对乡村治理数字化人才的培养和引进，培养一支掌握数字化技术和乡村治理知识的专业团队，为乡村数字治理提供人才支持。

平台建设：建设多功能、便捷高效的数字化平台，包括数据共享平台、农村综合服务平台、智慧农业平台等，为农民提供便利的服务和支持。

智能化工具应用：推广应用智能化技术，如人工智能、大数据分析、物联网等，提高乡村治理的科学化、精细化水平，为乡村共建共治共享提供智能技术支持。

信息公开和民意调查：建立健全的信息公开制度，通过数字化手段及时公开农村治理信息，同时利用数字技术进行民意调查和意见收集，充分听取农民的意见和建议，形成多元化的决策参考。

数字化管理和监督机制：建立数字化的管理和监督机制，实现对乡村治理各项活动的实时监控和数据分析，及时发现问题、解决问题，提高治理效能。

通过以上措施的实施，可以充分利用数字技术的优势，提升乡村治理的效

能，推动乡村治理模式的创新和发展，为实现共同富裕目标提供有力支撑。

第四节　新时代乡村治理体系和治理能力现代化建设的路径

一、新时代乡村治理体系和治理能力现代化建设的内涵

乡村治理体系和治理能力现代化建设是建设社会主义现代化国家的重要内容与组成部分，对推进乡村全面振兴、扎实推进共同富裕具有重要意义。

坚持以人民为中心：新时代乡村治理体系和治理能力现代化建设坚持以人民为中心，强调通过治理增强人民群众的获得感、幸福感和安全感；通过深化基层民主、推进乡村治理现代化，满足人民群众对美好生活的向往。

坚持和加强党的全面领导：新时代乡村治理体系和治理能力现代化建设强调坚持和加强党的全面领导，充分发挥农村基层党组织在乡村治理中的领导作用，通过不断加强农村基层党组织建设，确保党的各项路线方针政策在乡村治理中得到贯彻落实。

推进乡村全面振兴：新时代乡村治理体系和治理能力现代化建设紧密围绕乡村振兴战略展开，通过加强农村基层党组织建设、优化农村治理结构、提升农村治理能力等方面的措施，推动乡村产业振兴、人才振兴、文化振兴、生态振兴和组织振兴，实现经济、文化、生态、社会治理等领域的全面发展。

强化法治理念：新时代乡村治理体系和治理能力现代化建设强调依法治理，通过加强乡村基层法治建设、提高农民法治意识和法律素养等措施，推进乡村法治化进程。

促进乡村治理体系创新：新时代乡村治理体系和治理能力现代化建设鼓励乡村治理体系创新，通过探索符合实际的乡村治理模式和机制，推动乡村治理体系的不断完善和创新发展。

推动治理能力现代化：新时代乡村治理体系和治理能力现代化建设着力提升治理能力现代化水平，通过提升各治理主体的治理能力，充分利用信息化、智能化、数字化等技术手段，提高农村治理的科学化、精细化水平，推动乡村治理能力的现代化转型。

总的来说，新时代乡村治理体系和治理能力现代化建设的时代内涵是以人民为中心、坚持和加强党的全面领导、推进乡村全面振兴、强化法治理念、促进乡村治理体系创新、推动治理能力现代化等方面的综合体现，旨在构建适应时代发展要求、服务广大农民群众、推动农村全面发展的现代化乡村治理体系，推进乡村治理现代化。

二、新时代乡村治理体系和治理能力现代化建设的路径选择

（一）强化党建引领，落实"由谁来抓"的问题

提高基层党组织的治理能力：加强基层党组织的治理能力是实现乡村治理现代化的基础。这需要加强干部队伍建设，提升领导干部和党员的理论水平和业务能力，使其能够更好地履行乡村治理的职责和使命。

健全民主议事决策机制：通过建立健全的民主议事决策机制，可以确保乡村各项重大问题的决策过程公开透明，充分发挥基层民主的作用，增强决策的合法性和可行性。

明晰权责，构建责任机制：在乡村治理中，要明确各级党委、政府和村级各类组织的权责，建立起相互协调、有序运行的责任机制。这有助于推动乡村治理工作的有效开展，避免责任不明、推诿责任等问题的发生。

加强县乡党委的指导和支持：县乡党委在乡村治理中应发挥更大的指导和支持作用，为村级各类组织提供更多的政策支持、人力支持和资源支持，帮助村级各类组织更好地履行职责，推动乡村治理工作的顺利进行。

综上所述，加强基层党组织的组织引领功能，需要在提升治理能力、健全民主决策机制、构建责任机制、加强竞争指导和支持等方面进行全面考虑和实践，以推动乡村治理体系和治理能力的现代化建设。

（二）坚持"以人为本"，落实"为谁而抓"的问题

以人为本，解决民生问题：将"以人为本"的原则贯彻到乡村治理中，关注村民的实际需求和利益诉求，着力解决农民的"急难愁盼"问题，提升村民的生活质量和幸福感，是乡村治理现代化的关键着手点。通过深化综合服务体制改革，加强基础设施建设和改善，实现共治共管、共建共享，可以有效提升村民的满意度和幸福感。

适应新农村发展需求：面对新农村发展的多样化需求和现代化生产经营方式的转变，需要加快推进现代化治理模式的转变。这包括加强技术培训、法律咨询、电子商务、快递物流等综合服务的建设，以满足农民在生产经营、生活服务等方面的需求，推动农村产业发展和农民增收致富。

持续推进农村人居环境整治和基础设施建设：加强农村人居环境的整治，持续推进基础设施建设和改善，是提升乡村治理水平和村民生活品质的重要举措。通过对道路、水电等基础公共服务设施的建设，以及乡村绿化、美化、亮化工程的推进，可以营造宜居的生活环境，提升村民的幸福感和满意度。

综上所述，坚持以人为本，解决民生问题，适应新农村发展需求、持续推进人居环境整治和基础设施建设，是推动乡村治理现代化和实现共同富裕的关键路径。要通过不断改进和完善乡村治理体系和治理能力，为广大农民提供更好的生活条件和发展机遇，以实现乡村振兴和共同富裕。

（三）加强"三治"融合，落实"如何去抓"的问题

1.自治为基

村民自治在乡村治理中的重要性不言而喻，它是体现村民治理主体地位、增强村民参与意识、推动乡村治理现代化的关键路径之一。以下是进一步落实村民自治的一些具体措施和做法。

选聘本土成功人士参与治理：吸引本土成功人士参与家乡治理是一种有效的做法。这些人通常对家乡有着深厚的情感和认同，能够为乡村发展带来宝贵的经验和资源。通过选举或委任，让这些成功人士担任村民自治的领导者或顾问，带领村民探索发展之路。

实行"双带头人"制度：在村民中选举产生组织带头人和致富带头人，充分发挥他们在组织建设和经济发展方面的作用。组织带头人负责组织协调、引导村民自治活动；致富带头人则带领村民致富增收，共同推动乡村振兴。

制定村规民约：村规民约是村民自治的基本制度依据，是村民自主约定的行为准则和规范。通过制定村规民约，可以明确村民的权利和义务，规范村庄的管理行为，促进村民自治的有序进行。

推行阳光工程：公开透明是村民自治的重要保障，可以通过推行党务、村务、财务公开的阳光工程来实现。村务的公开可以通过村民会议、村民代表会议等形式进行，让村民了解村庄事务的进展和决策过程。

构建多层次的自我管理机制：建立村民理事会、村务监督委员会、人民调解委员会、志愿服务队等组织，形成多层次、多元化的自我管理和协商决策格局。这些机制能够有效地调动村民的积极性和创造力，推动乡村治理效能的不断提升。

通过以上措施的实施，可以进一步落实村民自治，增强村民的参与意识和自治能力，推动乡村治理体系和治理能力现代化建设取得实质性进展。

2.法治为本

"法治为本"是指以法律为准绳、以法治为基础，通过法律规范来保障社会秩序和公平正义，确保国家和社会的正常运行。在乡村治理中，"法治为本"的理念意味着依法治理、依法行政，使法律成为维护农村社会秩序、促进农村发展的重要保障。

在落实"法治为本"的理念时，需要采取以下措施。

健全法律法规体系：建立健全乡村治理相关的法律法规体系，包括国家法律法规、地方政府法规、村规民约等，确保法律的权威性和适用性。

加强法律宣传教育：定期开展法律宣传教育活动，向农民普及法律知识，提高农民的法律意识和法治观念，引导农民依法行事、维护自身合法权益。

加强法治监督和执法力度：加强对乡村治理中各项工作的法治监督，保障法

律的有效实施和执行。建立健全乡村法律监督机制，加大农村基层执法力度，严厉打击违法行为。

推进依法行政：坚持依法行政原则，加强乡村基层政府和村级组织的依法管理，规范农村各项行政管理活动，保障农民的合法权益和利益。

强化司法保障：建立健全乡村法律服务机构，提供法律咨询、调解、诉讼等服务，保障农民的司法权利，依法维护农民的合法权益。

通过以上措施的实施，可以有效地落实"法治为本"的理念，确保乡村治理工作在法治轨道上稳步推进，保障农村社会的稳定和发展。

3.德治为先

"德治为先"强调了在乡村治理中，道德建设和德治理念的重要性。它意味着要以德为先，强调道德、品德、良好行为习惯在乡村治理中的引导和规范作用。以下是落实"德治为先"理念的一些具体的做法。

加强道德宣传教育：开展乡村道德建设活动，通过树立宣传正面典型、弘扬传统美德、倡导社会正气等方式，引导农民践行正确的道德观念和行为准则。

加强德育教育：在农村学校和社区开展德育教育，培养农民特别是青少年的道德素养和公民意识，引导他们树立正确的价值观和人生观。

重视乡村精神文明：倡导乡村精神文明建设，弘扬礼让、互助、勤俭、诚信等优良传统，促进乡村社会和谐稳定。

加强德行评价和表彰：建立德行评价机制，对表现突出的乡村典型进行表彰奖励，树立榜样，引导更多的农民学习榜样，传递正能量。

落实德治责任：强化村级组织和全体村民的德治责任，通过村规民约等制度明确村民的行为准则和道德规范，促使其自觉遵守社会公德。

通过以上措施的实施，可以有效地落实"德治为先"的理念，促进乡村社会道德水平的提升，推动乡村治理工作朝着更加和谐、文明的方向发展。

（四）融入智慧管理，落实"更好地抓"的问题

要充分调动多方面智慧化治理因素，以提升乡村治理效能，更好地解决乡村面临的各种问题。智慧化管理因素涵盖的内容相当广泛，这些措施对于推动乡村治理现代化、提高治理效能至关重要。

数字化技术应用：利用互联网技术、大数据、人工智能等现代科技手段，实现乡村治理的数字化、电子化、智能化，能够极大地提高信息的传递效率和治理的精准度，同时也为乡村治理提供了更为科学和便捷的工具和手段。

多方服务能力：强调多方参与，广泛凝聚各方力量，推动乡村治理工作的全面发展。通过整合社会资源，包括社会组织、志愿服务队伍、高校支教团等，为农村提供更加全面、专业的服务。特别是要将弱势群体作为重点帮扶对象，有效地提升农村医疗卫生、教育等领域的水平，进一步增强村民的获得感和幸福感。

　　综上所述，数字化技术的应用和多方服务能力的加强相辅相成，共同构建了乡村治理的智慧化管理体系。这样的体系不仅可以提高治理的效率和水平，也能为乡村的可持续发展和现代化建设提供重要支撑。

　　新时代乡村治理体系和治理能力现代化建设不仅是推动农业现代化、实现乡村振兴的必然要求，也是保障农民权益、促进农村社会稳定的关键举措。通过建设现代化的乡村治理体系，可以有效提升农村基础设施、乡村公共服务水平，优化农村产业结构，推动乡村经济发展，提高农民生活质量，实现农业现代化和乡村振兴的目标。因此，加强乡村治理体系和治理能力现代化建设，是实现全面建设社会主义现代化国家的重要战略举措。

参考文献

[1] 田夏彪.聚通与共谐：乡村治理的社会教育力培育[M].北京：九州出版社，2023.

[2] 邱贵明.乡村治理模式研究[M].北京：中国社会科学出版社，2023.

[3] 王晓毅.乡村组织振兴与新时代乡村治理[M].长沙：湖南人民出版社，2023.

[4] 吴玉敏.中国传统乡村治理文化与现代转化[M].石家庄：河北人民出版社，2023.

[5] 丁云，樊宸余.当代中国协商民主与乡村治理研究[M].北京：知识产权出版社，2023.

[6] 王微.新时代乡村治理体系构建研究[M].北京：中国社会科学出版社，2023.

[7] 李增元.乡村振兴战略中的乡村治理新体系研究[M].北京：中国社会科学出版社，2023.

[8] 李晓夏.数字化背景下乡村治理与乡村建设研究[M].北京：中国商业出版社，2023.

[9] 韩潇霏，任新悦，宁文英.多维度视域下乡村治理实践探索[M].长春：吉林出版集团股份有限公司，2023.

[10] 江维国，李立清.数字技术赋能乡村治理现代化建设研究[M].北京：中国社会科学出版社，2023.

[11] 陈寒非.中国乡村治理法治化的实践路径研究[M].北京：中国政法大学出版社，2023.

[12] 李明，张丽薇，张月.新时代中国乡村治理体系研究[M].北京：中国农业出版社，2023.

[13] 邱春林.新时代中国特色乡村治理体系现代化研究[M].北京：人民出版社，2023.

[14] 秦长江，贺靖舒.乡村振兴视域下乡村治理现代化研究[M].北京：中国书籍出版社，2023.

[15] 李锦顺，张旭红.乡村治理体系的健全与发展[M].北京：华龄出版社，2022.

[16] 盛明科，蔡振华.智治——构建数字乡村治理新体系[M].湘潭：湘潭大学出版社，2022.

[17] 夏倩芳.中国网络传播研究新媒体与乡村治理[M].北京：中国传媒大学出版社，2022.

[18] 翁鸣.农村党建与乡村治理[M].北京：中国农业出版社，2022.

[19] 张晓艳.乡村治理共同体建设研究[M].北京：人民出版社，2022.

[20] 季中扬，张兴宇.乡贤文化传承与当代乡村治理[M].北京：商务印书馆，2022.

[21] 王立志.数字乡村治理及案例分析[M].合肥：安徽科学技术出版社，2022.

[22] 吕丹.中国乡村治理能力现代化研究：协同治理的实践[M].北京：人民出版社，2022.

[23] 涂丽.乡村振兴背景下村庄组织的乡村治理功能与路径研究[M].北京：经济科学出版社，2022.

[24] 王华斌.乡村治理实务及案例分析[M].合肥：安徽科学技术出版社，2021.

[25] 印子.乡村治理能力建设研究[M].西安：陕西人民出版社，2021.

[26] 章浩，李国梁，刘莹.新时期乡村治理的路径研究[M].北京：北京首都经济贸易大学出版社，2021.

[27] 郝兴娥.乡村振兴战略引领下的乡村治理之路[M].北京：九州出版社，2021.

[28] 冉勇.基于乡村振兴战略背景下的乡村治理研究[M].长春：吉林人民出版社，2021.

[29] 谭鑫.乡村治理体系和治理能力现代化研究[M].昆明：云南科技出版社，2021.

[30] 袁方成，靳永广.田野中国新时代乡村治理现代化的地方探索[M].武汉：华中师范大学出版社，2021.

[31] 贺雪峰.中国乡村治理现代化研究[M].南昌：江西教育出版社，2021.

[32] 王滢涛.中国特色乡村治理体系现代化研究[M].上海：上海社会科学院出版社，2021.

[33] 何潇.乡村振兴战略背景下乡村治理的路径选择和制度建构[M].长春：吉林文史出版社，2021.

[34] 徐铜柱.乡村治理现代化研究[M].北京：中国社会科学出版社，2021.

[35] 仝志辉.中国乡村治理体系构建研究[M].武汉：华中科技大学出版社，2021.

[36] 王少伯.新时代乡村治理现代化研究[M].北京：知识产权出版社，2021.